빨간 옷을 입으면 왜 인기가 많아질까?

상식과
통념을 깨는
놀라운
심리실험

빨간 옷을 입으면 왜 인기가 많아질까?

세노 다케하루 지음 | 황세정 옮김

중앙books
JoongAng Ilbo

두 여성 중 어느 쪽이 더 매력적으로 보이는가?

(Elliot, Andrew J. and Niesta, Daniela (2008) Romantic red: Red enhances men's
attraction to women. Journal of Personlity and Social Psycholology, 95, 1150-1164 참고)

인간의 참모습을 찾아가는 즐거운 여행

　도처에 심리학이 넘쳐나고 있다. 여성지에서 말하는 '인
기 많은 여자로 거듭나는 심리 테크닉', '육아의 심리적 기
술', 남성지에서 말하는 '매력적인 남자의 심리학', '짜증나
는 상사를 다루는 법', '성공을 부르는 최신 심리학 이론' 등
현대인의 일상은 심리 이론으로 도배되어 있다고 해도 과언
이 아니다.

　하지만 실제로 사람들을 만나 이야기를 들어보면 심리학
을 '다가가기 쉽고 흥미롭기는 하지만 어딘지 모르게 수상
쩍고 의심스러운 학문'이라고 생각하는 것 같다. 심지어 심
리학을 사이비 과학이라고 주장하는 사람도 있다. 실제로
초면인 사람들과 대면하는 자리에서 내 직업을 밝혔을 때
모멸적인 태도나 냉소를 보이는 경우가 상당수다.

　심리학에 대한 관심이 이렇게나 지대한데도 심리학과 심
리학자가 냉소의 표적이 되어 버리는 이유가 뭘까?

　이 책을 끝까지 읽고 나면 그런 의문이 전부 풀릴 것이다.

간단히 말하자면 심리학의 올바른 모습이 사람들에게 전혀 전달되지 않고 있다는 점이 가장 큰 원인이다.

이 책의 목적은 심리학의 진정한 즐거움과 가치를 제대로 전하는 것이다. 심리학에는 눈이 번쩍 뜨일 만큼 놀라운 실험이 수없이 존재한다. 나는 독자 여러분이 이런 실험들에 대해 올바른 지식을 얻길 바란다. 스킨십을 잘 활용하면 호감을 살 수 있다거나, 빨간 옷을 입으면 인기를 끌 수 있다는 식의 얕은 지식으로 그칠 것이 아니라, 그런 결론이 어떤 심리실험을 거쳐 나온 것인지를 자세히 파악함으로써 심리학의 진정한 모습에 다가갈 수 있을 것이다.

심리학의 진정한 묘미는 이런 한마디 말로 정의되는 노하우가 아니다. 인간의 참모습에 다가가기 위한 정교하고 치밀한 방법론이야말로 심리학이 주는 진정한 즐거움이다.

혹시라도 이 책이 학자가 쓴 딱딱하고 어려운 책이 아닐까 걱정할 필요는 없다. 이 책은 편하게 읽을 수 있는 심리학 에세이로, 과학적 타당성과 책으로서의 즐거움을 동시에 만족시키기 위해 고심한 끝에 완성한 책이다. 필자 또한 프로레슬링과 서브컬처를 좋아하는 엉뚱한 아저씨이므로 부디 안심하기 바란다. 어린 시절에는 하루에도 몇 시간씩 비디오 게임을 했고, 유명한 애니메이션은 죄다 챙겨 보았다. 지금도 록콘서트나 프로레슬링 경기를 관람하고 개그 DVD를 열심히 모으는 그저 그런 평범한 아저씨다.

다시 말해 이 책은 연예 정보 프로그램이나 코미디 프로그램을 보듯 편하게 앉아 단숨에 읽어 내려갈 수 있다. 다만 그와 동시에 심리학의 과학적 측면을 자연스럽게 배워 그동안 몰랐던 심리학 본연의 모습을 알 수 있게 했다. 즉 심리학을 처음 접하는 독자들에게 심리학의 본질을 쉽게 일깨워주는 것이 책의 가장 큰 목적이라 할 수 있다.

단 이 책에서 다룰 심리학은 오직 실험심리학으로 한정할 생각이다. 심리학은 크게 실험심리학과 임상심리학으로 나뉜다. 임상심리학은 임상심리사나 카운슬러를 목표로 환자의 마음을 개선하는 노하우를 배우는 학문이다. 반면 실험심리학은 인간을 통제된 특수 환경에 놓고 어떤 자극을 가해 얻어낸 반응(행동)을 기록하는 학문으로, 자극에 따라 달라지는 행동 유형을 통해 인간의 심리적 태도의 특성을 추측하는 것이 목적이다.

살아가다 보면 온갖 상황에서 심리학을 맞닥뜨리게 되지만, 이 같은 심리학의 기본적인 분류조차 제대로 모르는 사람이 많다. 심리학자인 나는 이러한 극심한 격차에 매번 놀라고만 다. 흥미로워하면서도 제대로 알지는 못하는, 좋아하면서도 왠지 무시하게 되는, 심리학은 그런 신기한 학문이다.

이 책에서 나는 서브리미널 효과, 기억의 왜곡, 무의식, 혈액형별 성격 진단 등 익히 들어왔던 심리학적인 주제를 소개하고, 이와 관련하여 과학적으로 진행된 심리실험을 최대한 정확하게 전달하려고 노력했다. 이 책을 다 읽을 즈음에는 최신 심리학에 대한 대략적인 지식은 물론, 심리학적으로 올바른 사고법과 방법론을 익힐 수 있을 것이다. 또한 이 책은 이러한 지식적 가치를 전함과 동시에 그저 한 편의 에세이로 충분히 즐길 수 있도록 재미를 더 했다.

이렇듯 두 가지 목적을 동시에 만족시킬 수 있다는 점에서 심리학은 매우 흥미로운 학문이다. 물리학이나 의학과 달리 심리학에는 쉽게 빠져들 수밖에 없는 매력이 있다(에세이이므로 과학적 엄밀성이 떨어지는 부분이 불가피하게 존재한다. 다소 비판을 받을 만한 부분도 있지만, 부디 넓은 마음으로 이해해 주시기 바란다).

심리학이 인기를 끄는 이유는 무엇일까? 그리고 그렇게나 인기가 많은데도 심리학을 의심의 눈초리로 바라보는 사람이 많은 까닭은 무엇일까? 심리학의 구조, 즉 '심리학이란 어떤 학문인가?'라는 점을 이해해 가는 과정에서 이러한 의문에 대한 답을 자연스럽게 찾을 수 있을 것이다. 자, 이제 함께 즐거운 여행을 떠나보자.

Contents

Prologue

빨간 옷을 입으면
정말 인기를 끌 수 있을까?
-심리학이 가르쳐주는 연애의 정석

우리는 대화 중에 종종 "심리학적으로는 ○○라고 하던데…"라는 말을 한다. 이런 속설이 들어맞을 때도 있지만, 근본적으로 틀릴 때도 있다. 과학적 측면을 지닌 심리학을 일상생활에 적용하려다 보면 구조적으로 피할 수 없는 큰 문제가 발생하기 때문이다. 그 문제란 '심리학은 평균치의 과학이기 때문에 일상생활에서 일어나는 단 한 번의 상황에 꼭 맞는 정답을 도출하기 어렵다'는 본질적인 딜레마를 의미한다.

'빨간 옷이 인기 있다'는 말은 심리학적으로 맞다

여성지나 패션지 혹은 포털 사이트 핫토픽에서 '빨간 옷을 입으면 인기를 끌 수 있다'는 기사를 접한 적이 있을 것이다. 빨간색이 가진 힘에 대해 밝힌 책이 출간되기도 했는데, 심리학자 살마 로벨(Thalma Lobel)의 저서 《센세이션Sensation》이 일본에서 큰 인기를 끌기도 했다. 나 또한 이 책에서 말하는 내용의 진위에 대해 해설한 적이 있을 만큼 꽤나 흥미로운 주제다.

사실 '빨간 옷을 입으면 인기를 끌 수 있다'는 말 자체는 심리학적으로 맞다. 2008년에 〈성격 및 사회심리학지 Journal of Personality and Social Psychology〉에서 이에 대한 진위가 밝혀졌다. 필자는 로체스터 대학의 앤드루 엘리엇(Andrew Elliot)과 다니엘라 니에스타(Daniela Niesta)다. 그 후 몇몇 실험에서 확인해 본 결과 빨간 옷을 입으면 인기를 끌 수 있다는 사실이 심리학적으로 재검증되었다.

그러나 '빨간 옷을 입으면 인기를 끌 수 있다'는 말이 아무리 심리학적으로 옳다고 하더라도 실생활에서 그대로 적용하는 데는 무리가 따른다. 즉 A양이 평소 마음에 둔 철수 군의 관심을 끌려고 빨간색 옷으로 승부를 건다 해도 꼭 원하는 결과를 얻을 수는 없다. 이것을 이해하려면 우선 빨간색이 인기를 끈다는 결론을 이끌어 낸 엘리엇과 니에스타의 실험을 자세히 들여다볼 필요가 있다.

성적 매력을 높이는 빨간색의 힘

엘리엇의 연구팀이 진행한 실험에는 남녀 대학생 27명이 참여했다. 피험자들의 평균 연령은 20.5세로, 한창 재기발랄한 연애를 즐길 젊은이들이었다. 연구팀은 이들을 무작위로 두 그룹(15명과 12명)으로 나눈 뒤, 컴퓨터 화면 위에 한 여성의 사진을 제시하고 해당 여성의 외모를 평가하라고 주문했다.

이 실험은 팀마다 각각 다른 조건으로 진행되었는데, 한 그룹은 제시된 사진의 배경이 흰색이었고 다른 한 그룹은 빨간색이었다. 사진의 크기는 가로 10.2센티미터, 세로 15.2센티미터로 비교적 큰 편이었기 때문에 얼굴 생김새를 충분히 파악할 수 있었다. 단, 보다 직관적인 답변을 얻기 위해 사진을 보는 시간을 5초로 제한했다.

피험자에게 주어진 과제는 이 여성의 매력도를 1~9점으로 평가하는 것이었다. 9점은 '대단히 매력적이다', 1점은 '전혀 매력이 없다'는 의미로, 매우 간단한 설문조사였다.

피험자에게 보여 준 사진 속 인물은 동일 인물로 다른 점이라고는 오직 배경 색뿐이었다. 실험 결과, 빨간색 배경의 사진을 본 피험자의 평균 점수는 7.2점 정도였던 반면 흰색 배경의 사진을 본 피험자의 평균 점수는 6.2점에 그쳤다. 즉

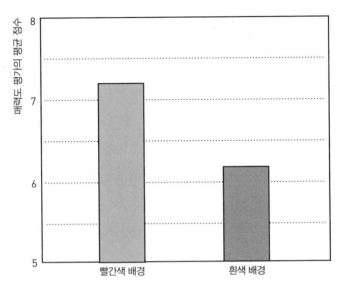

빨간색 배경 속 여성의 평균 점수는 7.2점, 흰색 배경 속 여성의 평균 점수는 6.2점이었다(Elliot, Andrew J. and Niesta, Daniela(2008) Romantic red: Red enhances men's attraction to women. Journal of Personlity and Social Psychology, 95, 1150-1164)

동일 인물임에도 빨간색 배경일 때 더 매력적이라는 평가를 받았다. 배경이 빨간색인 여성의 사진이 배경이 흰색인 여성의 사진보다 훨씬 매력적으로 보였던 것이다.

두 번째 실험은 동일한 실험을 남성 31명과 여성 32명, 총 63명을 대상으로 실시했다. 단 평가 대상인 여성은 앞의 실험과 다른 인물로 변경했다. 다른 여성의 사진으로도 동일한 효과가 있는지를 확인하기 위해서였다.

실험 결과, 남성의 경우에는 앞서 실시한 실험과 완전히 동일했다. 즉 배경이 빨간색인 여성의 사진이 흰색 배경의 사진보다 매력도가 높았다. 그러나 여성에게서는 같은 결과를 얻지 못했다. 즉 빨간색 배경이 주는 효과는 어디까지나 남성에게 한정된 것이며 여성에게는 효과가 없다는 사실이 드러났다. 이로써 빨간색 배경이 매력도를 향상시키는 효과는 성적 매력과 관계가 있다는 점이 검증되었다(성을 초월한 인간적 매력이 아니라는 뜻이다).

세 번째 실험에서는 피험자들에게 이러한 성적 매력에 대해 좀 더 구체적인 질문을 던졌다. 여성의 사진을 다른 인물로 교체한 뒤 남성 피험자 37명에게 '이 여성과 섹스를 해보고 싶은가?'라는 직설적인 질문을 던진 뒤 '무척 해보고 싶다'를 9점, '전혀 하고 싶지 않다'를 1점으로 하여 총 1~9점으로 답하게 했다.

그 결과 빨간색 배경의 여성이 무채색인 회색 배경의 여성보다 더 높은 점수를 받았다. 단지 사진의 배경이 빨간색일 뿐인데도 남성은 해당 여성과 더 섹스를 해보고 싶다고 답한 것이다. 즉 빨간색 배경은 여성의 매력도 가운데 특히 성적인 매력도를 끌어올리는 효과가 있음이 밝혀졌다.

이 밖에도 엘리엇의 연구팀은 다른 피험자 30여 명을 대

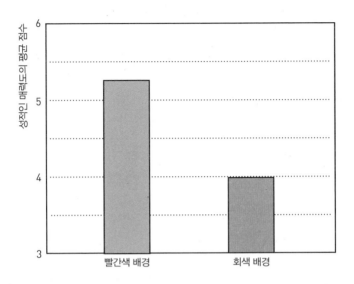

두 번째 실험 결과 빨간색 배경의 여성이 회색 배경의 여성보다 '섹스를 해보고 싶다'는 질문에서 더 높은 점수를 받았다.(Elliot, Andrew J. and Niesta, Daniela(2008) Romantic red: Red enhances men's attraction to women. Journal of Personlity and Social Psychology, 95, 1150-1164)

상으로 추가 실험을 실시했다. 이번에는 빨간색 배경과 초록색 배경을 비교하거나, 빨간색 배경과 파란색 배경을 비교해 보았다. 배경 색의 조합이 다양해졌을 뿐 실험 방식은 완전히 동일했다.

그 결과 빨간색이 매력도를 월등히 향상시키는 효과가 있다는 사실이 또다시 증명되었다. 빨간색 배경의 여성이 초록색이나 파란색 배경의 여성보다 더 매력적으로 보이며,

남성들로 하여금 더 섹스를 해보고 싶다는 생각이 들게 한 것이다. 지금까지 설명한 이 과학 논문을 근거로 '빨간 옷을 입으면 인기를 끌 수 있다'는 주장이 널리 퍼졌다.

빨간색을 연애에 활용하려면

                 심리학은 인간의 일반적인 특성, 인류의 보편적 심리와 관련된 사실을 입증하는 과학이다. 따라서 어느 특정 개인의 특성이 끼치는 영향을 최소화해야만 한다. 앞의 예를 통해 설명해 보자면, 철수 군의 개인적 취향이 최대한 적게 반영되도록 실험을 통해 수십 명의 피험자의 평균치를 낸다. 그리고 단 한 번의 변덕스러운 선택이 미치는 영향을 최소화하기 위해 동일한 자극(앞서 설명한 실험에서는 여성의 사진)을 여러 차례 반복적으로 제공해 반응의 평균치를 추출한다. 즉 상황에 따른 개인의 단발적인 판단을 최대한 배제해 인간 전체, 인류의 총체적인 심리적 특성을 밝히는 것이다.

  빨간색이 인기를 끈다는 말의 근거가 된 논문에서 30명 이상의 피험자를 대상으로 설문조사를 실시하고 동일한 실험을 반복했던 것 역시 반응을 평균화하기 위한 작업이었다. 따라서 '오늘 빨간 옷을 입었으니 철수 군이 내게 호감을 느낄 거야!'라고 기대하는 것은 심리학적으로 올바른 태도가 아니며, 그런 기대를 해서도 안 된다.

그렇다면 어떻게 해야 '빨간색이 인기를 끈다'는 사실을 제대로 적용할 수 있을까?

어떤 여성이 소개팅에 100번 참가했을 경우, 100번 모두 빨간 옷을 입었을 때가 100번 모두 파란 옷을 입었을 때보다 훨씬 많은 애프터 신청을 받았다는 보고가 있다. 다시 말해 빨간색은 불특정 남성에게 반복적으로 노출되었을 때 확실히 효과를 발휘한다고 볼 수 있다.

즉 심리학에서는 '그 사람에게 매력적으로 보이기 위한 전략'을 세울 수는 없지만 '전반적인 인간, 일반 남성에게 인기를 끌기 위한 전략'은 세울 수 있는 것이다. 그러나 설령 A양이 이 같은 사실을 바탕으로 인기를 끌었다고 해도 자신에게 다가온 남성들 중 본인 취향에 맞는 사람이 몇 명이나 될지는 모른다. 심리학은 이런 점을 전혀 고려하지 않는다. 여기에 문제가 있다.

종종 인간의 심리적 문제는 '누구에게라도 좋으니 제발 인기가 좀 있었으면 좋겠어!'가 아니라 '저 사람에게 매력적으로 보이고 싶어!'라는 생각에서 발생한다. 아쉽게도 심리학은 후자처럼 특정한 사례에 효과가 있는 방법을 제시하지는 못한다. 심리학은 평균치의 과학이기 때문이다.

'평균치의 과학'이라는 심리학의 딜레마

특정한 개인에게 매력적으로 보이는 것과 다수에게 전반적으로 인기를 끄는 것은 근본적으로 다르다. 심리학은 후자를 위한 정보를 제공하며, 이는 심리학이 과학으로 자리잡기 위해 거쳐 온 역사의 성질상 어쩔 수 없는 일이다.

예를 들어 닮은 철수 군이 어린 시절 봤던 애니메이션 〈신세기 에반게리온〉의 여주인공을 좋아해 그녀의 머리카락 색깔인 파란색에 특별한 욕망을 느낀다고 생각해 보자. 심리학에서는 그런 개별적인 사례의 영향을 최대한 배제한다. 그대신 다수의 인물에게서 반응을 얻어 그 평균치를 놓고 논의한다. 그러나 A양이 철수 군에게 인기를 끌려면 평균치보다는 철수 군이라는 특정 인물에 대한 전략이 필요하다. 즉, 철수 군의 마음을 얻으려면 빨간색 옷을 입기보다는 머리카락을 파란색으로 염색하는 편이 나을지 모른다는 것이다.

'포크볼(검지와 중지 사이에 야구공을 끼듯이 잡아 던지는 구종)은 헛스윙을 유도하기 좋다'고들 한다. 야구의 객관적인 데이터를 고려했을 때 맞는 말이다. 그러나 특정 시합의 특정 상황, 특정 타자에 대한 특정 카운트에서 '포크볼로 반드시 헛스윙을 유도할 수 있는가?' 라고 묻는다면 반드시 그렇다고 대답할 수는 없다. 그 순간 타자가 포크볼을 노렸다면 가장 얻어맞기 쉬운 구종이 될 수 있기 때문이다. 일류 투수라면 객관적인 데이터는 어디까지나 참고만 하고, 그때그때 상황에 따라 스스로 판단해 공을 던질 수 있어야 한다.

심리학을 일상생활에 활용하는 것 또한 이와 다르지 않다. 일반적으로 빨간색이 매력적으로 보인다는 점을 이해하는 한편, 철수 군이라는 개별 사례에 대한 전략을 짜는 것이 중요하다.

심리학을 일상생활에 적용할 때면 이렇듯 평균치를 개별 사례에 대입해 버리는 문제가 발생한다. 과학적 측면에서 본 심리학의 현장과 일상생활에 응용하는 심리학의 현장에는 항상 이러한 괴리가 존재하는 것이다.

이와 함께 기억해야 할 점은 엘리엇의 연구팀이 발표한 논문에서는 옷 색깔을 바꾼 것이 아니라는 것, 그리고 매력도가 오른 것을 증명했을 뿐 인기를 끌 수 있는지에 대한 여부는 밝히지 않았다는 점이다.

이 실험은 어디까지나 여성의 배경이 빨간색일 때 매력도(특히 성적 매력도)가 상승한다는 것을 밝힌 것에 불과하다. 실험을 통해 검증된 것은 배경 색이 주는 효과에 불과하지만 각종 매체에서는 이를 옷 색깔로 확대하고 있으며, 매력도의 평가가 향상된다는 사실을 '인기를 끈다'는 애매한 표현으로 바꾸고 있다. 즉 옷의 색상이 배경 색과 동일한 효과를 내는지는 확인되지 않았다. 더군다나 성적 매력도가 상승한다는 것과 인기를 끈다는 것은 얼핏 생각하기에 비슷할 지 모르지만 결코 같은 의미가 아니다.

하지만 언론매체에 종종 등장하는 심리학 내용은 과학적 사실에서 크게 벗어나 세상 사람들에게 어필하기 좋은 간편한 형태로 변환되고 있다. 현명한 독자 여러분은 부디 이 점을 잊지 않기 바란다.

자기보다 키가 5~10센티미터 작은 여성을 꼬셔라?

2012년 과학저널 〈플로스 원PLOS ONE〉에 무작위로 선정된 남녀 커플 1만 2,502쌍의 신장 차이에 대한 논문이 게재되었다. 연애 중인 남녀의 신장이 일반적으로 얼마나 차이를 보이는지를 밝힌 논문이다.

　연구 결과 남녀의 신장 차이와 커플 수의 분포가 오른쪽 표와 같이 나타났다. 그래프의 세로축은 커플 수로 위로 갈수록 많아진다. 가로축은 남성의 신장에서 여성의 신장을 뺀 수치로 남성이 여성보다 10센티미터가 크면 10, 반대로 10센티미터가 작으면 -10이 된다. 이 그래프에서 알 수 있듯 남성이 여성보다 5~10센티미터 큰 커플이 가장 많았으며, 다음으로는 남성이 여성보다 10~15센터미터 큰 커플이 많았다. 이를 정점으로 신장의 차이가 커질수록 커플 수는 줄어들었다.

　이 연구 결과를 한마디로 정리하면 '남성이 여성보다 5~10센티미터 큰 커플이 가장 많다'이다. 그러나 이런 말은 대중의 관심을 끌 수 없다. 따라서 각종 언론매체는 대중의 관심을 끌기 위해 이를 다음과 같은 극단적인 표현으로 바꿔 버린다.

　'가장 유혹하기 쉬운 상대는 자신보다 5~10센티미터 큰 남성이다!'

　'자신보다 5~10센티미터 작은 여성에게 작업을 걸어라!'

　이런 변질로 인해 심리학에 대한 잘못된 이해가 생겨나는 것이다. 이를 모른 채 이 말을 진지하게 받아들인 A씨의 경우를 살펴보자. A씨는 평소 영희 양에게 호감이 있었다. 그런데 알아보니 영희 양은 자신보다 키가 7센티미터 작았다. A씨는 '앗싸! 심리학적으로도 딱 맞는데?'라며 흐뭇해했다.

눈치챘겠지만 당연히 A씨의 생각은 틀렸다. 앞서 언급한 논문을 통해 신장 차이가 5~10센티미터인 커플이 가장 많다는 사실이 밝혀지기는 했지만, 신장 차이가 5~10센티미터일 경우 고백을 더 잘 받아 준다는 인과관계는 증명되지

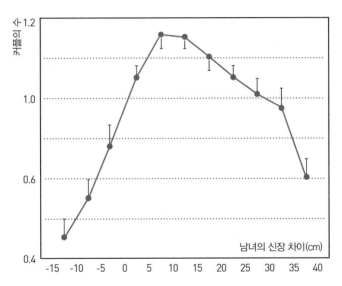

커플의 신장 차이 분포 (Gert Stulp, Abraham P. Buunk, Thomas V. Pollet, Daniel Nettle, Simon Verhulst (2013) Are Human Mating Preferences with Respect to Height Reflected in Actual Pairings? PLOS ONE, 8, e54186.)

않았기 때문이다.

상식적으로 생각해봐도 남녀가 사귈 때 신장 차이가 5~10센티미터인 것이 동기가 되지는 않는다. A씨가 고백에 성공하려면 영희 양과의 신장 차이뿐만 아니라 자신의 연봉, 사회적 지위, 성격, 평소 영희 양과의 교류 정도 등 여러 요소들을 종합적으로 고려해야만 한다. 하지만 A씨는 세간에 떠도는 말만 믿었을 뿐, 그 말이 나온 근거에 대한 정확한 이해가 부족했다.

언론매체를 통해 심심찮게 등장하는 속설을 그대로 믿어서는 안 되는 이유가 여기에 있다. 데이터를 자극적인 말로 표현하는 과정에서 과학적 타당성을 잃고 마는 것이다. 그러나 평범한 사람들은 그와 관련된 논문이나 데이터를 살펴볼 기회가 거의 없다. 결국 언론이 이런 데이터를 어떤 식으로 이용하는지는 전혀 알 길이 없는 것이다. 이 과정을 모른다면 당신도 충분히 A씨처럼 매체의 꼼수에 놀아날 수 있다. 아니, 실제로 그런 경우가 많다.

검증된 심리실험이 실생활에서 안 통하는 이유

심리학을 실제

생활에 적용하는 데는 또 다른 함정이 있다. 심리학적 측면으로 어느 특정 항목에서 성립하는 법칙도 실제 생활에서는 무수히 많은 다른 항목의 영향-심리학에서는 전문용어로 외재변인(extraneous variable)이라고 한다-을 받기 때문에, 그대로 재현되지는 않는다는 점이다.

앞에서 설명한 빨간 옷을 예로 들어보자. 빨간 옷을 입으면 인기를 끌 수 있다는 법칙은 비록 실험에서는 성립되지만(엄밀히 말하면 옷 색깔이 아니라 배경 색), 막상 소개팅을 나가면 옷 색깔뿐만 아니라 외모나 몸매, 성격, 대화 수준, 사회적 지위나 성격 등 무수히 많은 항목의 영향을 받는다. 그러므로 빨간 옷을 입으면 인기를 끌 수 있다는 말이 늘 맞는다고 단정할 수 없다.

실험 상황에서는 컴퓨터 화면에 여성이 나타나고, 그 여성의 옷 색깔(엄밀히 말하면 옷 색깔이 아니라 배경 색)만 변한다. 즉 '옷'이라는 특정 항목의 범위 안에서 변화가 일어날 뿐 피험자는 화면에 등장한 여성의 성격이나 사회적 지위 등을 모른다. 심지어 그 여성과 대화를 나눌 수도 없다. 그렇게 함으로써 옷 이외의 항목에서 받을 수 있는 영향을 최소화하는 것이다.

이것이 실험심리학이 과학이 될 수 있는 근거다. 조작하는 항목을 옷 색깔 하나로 제한함으로써, 매력적으로 보이는 이유가 빨간 옷 때문이라고 단정할 수 있도록 철저히 상황을 통제하는 것이다. 그러나 실제 생활에서는 이런 상황이 생길 수 없다.

심리실험에서는 지극히 특수한 상황을 만들어 놓고 한 가지 항목에만 변화를 주어 그 변화가 주는 효과를 측정한다. 이는 모든 과학에서 사용하는 방법이다.

예를 들어 화학적인 약물 반응 실험에서 용액 A에 B를 섞은 후의 반응을 관찰할 경우 A와 B 두 가지 용액을 최대한 심플한 상태, 즉 다른 요소를 배제한 상태로 두고 실험을 실시한다. 만일 용액 A 안에 세 가지 성분이 있다면 어떤 성분이 반응을 일으키는지 알 길이 없다. 또 용액 B에 불순물이 대량 함유되어 있다면 그 또한 효과를 측정할 수 없다. 실험에서는 효과의 요인을 정확히 파악하기 위해 방해가 될 만한 요소들을 철저히 배제한다. 과학에서는 이를 '외재변인을 최대한 통제한다'고 한다.

심리학 실험도 이와 마찬가지다. 옷 색깔이 주는 효과를 관찰하고 싶을 때는 옷을 입은 여성의 다른 방해 요소(성격, 사회적 지위 등)를 최대한 배제하는 것이다. 그러나 현실에서는 온갖 요소가 뒤섞여 있다. 상대방에게 매력적으로 보이는 이유가 빨간 옷이 주는 효과 때문인지, 대화가 잘 통해서 인지, 자신의 외모가 상대방이 좋아하는 스타일이기 때문인 지 알 수 없다. 그래서 소개팅 자리는 정답이 없는 것이다.

나보다 키가 5센티미터 큰 철수 군이 실제로는 키가 매우 작은 여성을 선호할지도 모르고, 나보다 키가 7센티미터 작 은 영희 양이 키가 190센티미터 이상인 남성만 좋아할지도 모른다. 게다가 철수 군이 동안에 집착할 수도 있고, 영희 양 이 피부가 하얀 남자를 좋아할 수도 있다. 또 철수 군이 사투 리를 쓰는 여성에게 유독 빠질 수도 있고, 영희 양이 귀하게 자란 도련님 스타일에 호감을 느낄 수도 있다. 이처럼 현실 은 다양한 요소로 복잡하게 얽혀있기 때문에 실험과 큰 차 이가 날 수밖에 없다. 따라서 심리학적으로 검증된 법칙이 라도 현실에서는 항상 들어맞지는 않는다고 생각하는 것이 현명하다.

심리학의 과학적 재미를 어떻게 찾을까?

심리학의 메시지를 보다 재미있고 간결하게 전달하려면 실험의 방법과 과정에 대한 자세한 설명을 생략할 수밖에 없다. 또한 심리학이 평균치를 다룬다는 것을 밝히지 않고(이로 인해 심리학이 지닌 과학적 정당성을 크게 훼손하고), 일반인에게 쉽게 받아들여질 만한 자극적인 내용만을 전달하게 된다. 이제껏 텔레비전 등 언론매체에 등장한 대부분의 심리학자가 이런 사회적 요구에 맞춰 사실에 어긋난 말들을 반복해 왔다. 즉 심리학은 재미있는 메시지를 전하기 위해 줄곧 왜곡되어 온 것이다. 그 결과 대다수의 사람이 심리학은 뭔가 수상쩍다는 오해를 갖게 되었다.

이런 오해를 풀려면 메시지를 전달하는 측과 받아들이는 측 모두의 노력이 필요하다. 하지만 심리학의 과학적 측면을 제대로 전달한다고 해도 심리학을 재미있게 전달해야 한다는 과제가 여전히 남는다. 과학적인 진지함을 유지하면서도, 아니 오히려 그런 진지함을 유지함으로써 느낄 수 있는 심리학의 진정한 재미가 분명히 있을 것이다.

21세기의 심리학자는 이제 수상쩍은 말로 각종 노하우를 알려주는 데서 벗어나 심리학의 과학적 재미를 널리 알릴 수 있어야 한다. 자칫 귀찮게 느껴질 수도 있지만 심리학의 실험 과정이나 방법론을 배우고 나면 여러분도 '빨간 옷을 입으면 인기를 끌 수 있다'는 식의 단순한 정의를 아는 것에 그치지 않고, 그 말의 이론적 배경이 되는 더욱 폭넓은 지식을 갖출 수 있다. 그것이 바로 심리학이 주는 참된 매력이라 생각한다.

비즈니스적인 냄새를 풍긴다는 점 또한 심리학을 수상쩍게 만드는 데 한몫하고 있다. 이 역시 사회적 요구에 따라 만들어진 것으로, 여기에는 '돈' 냄새가 따라다닌다. 혈액형별 성격 진단을 이용해 큰돈을 벌려고 하거나, 심리 매니지먼트 운운하며 사람들의 돈을 뜯어내는 무리가 넘쳐나고 있다. 그러나 일반인 대부분은 무엇이 과학적인 심리학이고, 무엇이 비즈니스적인 심리학인지 구별하지 못한다. 이런 문제를 해결하기 위해 지금이야말로 과학적으로 타당한 심리학을 세상에 알려야만 한다. 그 역할의 한 축을 내가 담당하고 싶다.

그래서 나는 이 책에서 세상에 만연해 있는 수상쩍은 심리학을 전부 깨뜨릴 생각이다. 단순히 부정하는 것이 아니라 수상쩍어 보이는 심리학 속에 분명히 존재하는 과학적 사실을 규명하고 이를 이해하기 쉽게 설명하려고 한다. 심리학에서 추구해도 되는 것과 추구해서는 안 되는 것이 무엇인지 이해하게 된다면, 세간에 만연해 있는 잘못된 상식을 올바르게 파악할 수 있을 것이다.

Chapter 1

소개팅에서
퇴짜 맞는 진짜 이유
-에빙하우스 착시

소개팅에 나보다 뚱뚱한 친구들만 데려간다면

A양은 2주일 후에 인생을 뒤바꿀 만한 중요한 소개팅을 앞둔 상태다. 소개팅에 나오는 남성들이 전부 의사나 사업가들인 것이다. 멋진 남성과 꼭 이어지고 싶다는 마음에 A양은 무리하게 다이어트까지 시작했다.

처음 이틀 동안은 순식간에 체중이 줄어 단숨에 2킬로그램 감량에 성공했다. 그러나 3일째부터 정체기에 접어들었다. 5~6일째가 되자 그동안 참아 온 식욕이 폭발해 탄수화물을 대량 섭취했고, 몸무게는 다시 제자리로 돌아가 버렸다. 큰일이다. 이제 일주일밖에 남지 않았다. 하지만 남은 일주일 동안 원하는 만큼 몸무게를 줄이지 못했다.

소개팅이 사흘 앞으로 다가온 상황에서 A양은 좋은 아이디어가 떠올랐다. '그래! 양옆에 뚱뚱한 애들을 앉히면 돼.

그러면 대비 효과 때문에 틀림없이 내가 날씬해 보일 거야!'

대학 시절 심리학을 전공한 A양은 소개팅을 앞두고 에빙하우스 착시를 떠올렸던 것이다.

원을 그린 다음 그 주변에 더 큰 원을 가득 그리면 처음에 그린 원이 실제 크기보다 훨씬 작게 보인다. 반대로 중앙에 원을 그리고 주위에 그 원보다 작은 원을 그리면 처음에 그린 원이 실제 크기보다 훨씬 커 보인다. 이처럼 눈이 일으키는 착각을 에빙하우스 착시라고 한다.

쉬운 예로 100원짜리 동전 주위에 500원짜리 동전 다섯 개를 놓으면 100원짜리 동전이 실제 크기보다 작아 보인다. 그러나 100원짜리 동전 주위에 10원짜리 동전을 놓으면 반대로 100원짜리 동전이 매우 커 보인다. A양은 학교를 졸업한 뒤에도 술자리에서 이 이야기를 즐겨 하곤 했다.

'그래, 이거야! 소개팅에 착시 효과를 써먹어야지! 이런 게 바로 살아 있는 심리학 아니겠어?'

A양은 그렇게 마음먹고 통통한 친구 두 명에게 연락했다. 드디어 운명의 날이 되었고, 자연스럽게 두 친구 사이에 앉는 데 성공했다. 하지만 안타깝게도 A양은 소개팅에 성공하지 못했다. 통통한 B양은 BMW를 얻어 타고 집에 돌아갔는데 말이다.

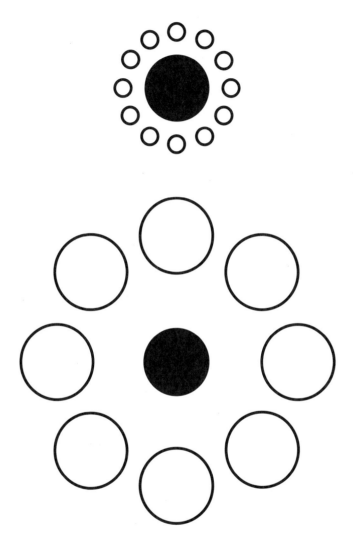

에빙하우스 착시. 중앙에 놓인 검은색 원의 물리적인 크기는 동일하다.

작전대로 A양은 에빙하우스 착시로 틀림없이 날씬해 보였을 것이다. 그럼에도 왜 그녀는 선택받지 못했을까? A양이 실패한 원인은 그녀의 심리학 지식이 대학을 졸업한 2013년에 머물러 있었기 때문이다. 사실 2014년에 무시무시한 논문이 발표되었다. 그 내용은 다음과 같다.

날씬한 여성이 매력적인 여성일까?
– 몸매와 매력도의 상관관계

영국 뉴캐슬대학에서 뇌과학을 가르치는 멜리사 베이트슨(Melissa Bateson)교수 연구팀이 2014년에 '진화와 인간의 행동(Evolution and Human Behavior)'이라는 논문을 발표했다.

베이트슨 연구팀은 우선 여성 18명의 전신사진을 수집했다. 사진 속 여성들은 평균 연령 20세로 모두 베이지색 속옷만을 걸치고 있었고, 사생활 보호를 위해 얼굴을 흐릿하게 가렸다. 자세한 것은 오른쪽 그림을 보기 바란다.

연구팀은 사전에 체중과 체질량지수(BMI, Body Mass Index)를 측정한 다음 BMI에 따라 이들을 세 그룹으로 분류했다. 알다시피 BMI는 체중과 신장의 균형을 산출한 수치로 BMI

가 25 이상이면 과체중, 30 이상이면 비만 판정을 받는다.

논문에서는 BMI가 18.4~19.2인 6명을 저체중 그룹, 22.0~22.7인 6명을 중체중 그룹, 25.3~26.7인 6명을 과체중 그룹으로 보았다. 참고로 키가 극단적으로 크거나 작은 여성은 실험 대상에 포함시키지 않았다. 즉 실험 대상자 전원은 체격이 비슷하며 살이 찐 정도만 차이가 나게 조작되었다.

실험에서는 우선 중체중 그룹에 선정된 여섯 명 가운데 두 명으로 만들 수 있는 모든 조합을 설정했다. 여섯 명 가운데 두 명을 고르는 것이므로 총 15개의 조합이 가능하다. 이 두

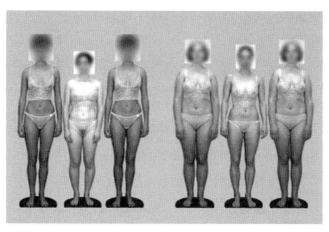

실험에 제시된 여섯 여성의 모습.(Melissa Bateson, Martin J. Tove, Hannah R. George, Anton Gouws, Piers L. Cornelissen (2014) Humans are not fooled by size illusions in attractiveness judgements. Evolution and Human Behavior, 35, 133-139.

여성의 이미지를 타깃이라고 부른다.

다시 한 번 그림을 보자. 이 두 명의 타깃을 각각 화면 중앙에서 조금 떨어진 곳에 배치한다. 그리고 각 타깃의 좌우에 저체중 그룹에 속하는 두 명 혹은 과체중 그룹에 속하는 두 명을 나란히 배치한다. 즉 체중이 보통인 두 여성의 양옆에 마른 여성 혹은 뚱뚱한 여성 두 명이 오는 상황을 만든 것이다.

실험자의 의도는 다음과 같았다. '뚱뚱한 여성 두 명 사이에 서면 보통 체중인 사람이 날씬하게 보이므로 더 매력적으로 보일 것이다. 반대로 날씬한 여성 두 명 사이에 서면 보통 체중인 사람이 뚱뚱하게 보이므로 그다지 매력적으로 보이지 않을 것이다.'

화면에는 총 여섯 명의 여성이 등장했다. 타깃 두 명과 그들의 양옆에 두 명의 여성이 선 두 그룹이다. 이들로 만들 수 있는 조합은 총 네 가지다. 우선 두 그룹 모두 저체중 혹은 과체중이라는 두 유형이 가능하다. 그리고 오른쪽 그룹이 저체중, 왼쪽 그룹이 과체중인 유형과 반대로 오른쪽 그룹이 과체중, 왼쪽 그룹이 저체중인 유형이 있을 수 있다.

실험자는 피험자에게 모든 조합(60가지)의 이미지를 보여주고 판단하게 했다.

첫 번째 실험에서는 남녀 각각 30명, 총 60명을 대상으로 타깃 여성 두 명 중 더 뚱뚱하게 보이는 사람을 고르게 했다.

두 번째 실험에서는 남녀 각각 48명, 총 96명을 대상으로 타깃 여성 두 명 중 더 매력적으로 보이는 사람을 고르게 했다. 피험자는 타깃 여성 간에 큰 차이가 없다고 느껴도 반드시 어느 한쪽을 선택해야만 했다. 이런 수법을 심리학에서는 '강제선택법(forced choice)'이라고 한다.

연구팀이 세운 가설은 다음과 같다.

'타깃 여성 두 명은 BMI가 비슷한 사람으로 구성된 중체중 그룹에 속하기 때문에 어느 쪽이 더 살이 쪘는지 판단하기가 어렵다. 또 얼굴을 가린 채 베이지색 속옷만 입고 있어서 어느 쪽이 더 매력적이냐는 물음에도 선뜻 답하기 어렵다. 그러나 이 두 여성은 자신보다 뚱뚱한 사람 혹은 날씬한 사람 사이에 서 있다. 만약 에빙하우스 착시가 일어난다면 뚱뚱한 여성이 좌우에 선 타깃이 날씬한 여성이 좌우에 선 타깃보다 날씬하다고 판단될 것이다. 그리고 만약 날씬해 보인다면 그 여성이 다른 타깃보다 매력적이라고 판단될 가능성이 높을 것이다.'

연구팀은 실험 결과를 취합하는 동시에 특수 장비를 써서 피험자들의 시선이 어떻게 움직이는지를 기록했다. 이로써 피험자가 판단을 내릴 때 타깃 여성의 어느 부분을 유심히 보았는지를 밝혀낼 수 있었다.

착시현상으로 어디까지 사람을 속일 수 있을까?

실험 결과를 간단히 정리하면 '두 명의 타깃 여성 가운데 어느 쪽이 더 뚱뚱한가?'라는 질문이 주어졌을 때는 에빙하우스 착시 현상이 명확하게 일어났다. 즉 자신보다 뚱뚱한 여성들 사이에 선 타깃 여성은 대비 효과 덕분에 날씬해 보이고, 자신보다 날씬한 여성들 사이에 선 타깃 여성은 뚱뚱하게 보인 것이다(여기까지는 A양의 의도가 적중했다. 작전대로 흘러간 것이다. 그러나 중요한 것은 지금부터다). 하지만 '타깃 여성 두 명 가운데 어느 쪽이 더 매력적인가?'를 판단할 때는 그런 착시 효과가 전혀 영향을 끼치지 않았다. 즉 어떤 사람에게 둘러싸이든 타깃의 매력도는 항상 일정했던 것이다.

타인이 본 타깃 여성의 몸매는 착시 효과 탓에 확실히 변했다. 그러나 매력도에는 어떤 변화도 일어나지 않았다. 착시 효과 덕분에 좀 더 날씬하게 보인다고 해서 매력적으로 느껴지지는 않는다는 뜻이다. 마찬가지로 착시 효과 탓에 좀 더 뚱뚱해 보인다고 원래 지닌 매력이 감소하지는 않는다. 이러한 결과는 피험자의 성별을 바꾸어도 동일하게 나타났다.

시선을 계측한 결과는 어떻게 나왔을까?

타깃이 얼마나 뚱뚱한지를 판단할 때는 피험자가 타깃의 허리 부분을 가장 오래 주시했다. 반면 매력도를 판단할 때는 허리가 아니라 가슴부터 얼굴까지 이어지는 상체 부분에 집중했다. 과제에 따라 피험자가 주시하는 신체 부위가 달랐던 것이다. 즉 피험자는 체형과 매력을 판단할 때의 방법이 각각 달랐다.

그렇다면 착시 효과를 이용해 체형은 속일 수 있었던 반면 매력을 속이지 못한 이유는 무엇일까?

연구팀은 인류의 진화 과정에서 그 해답을 찾을 수 있다고 생각했다.

역사적으로 볼 때 인간의 배우자 선택(sexual selection), 즉 누구와 자식을 만들지에 대한 선택 기준은 매우 까다롭다. 인류는 자신의 유전자를 조금이라도 더 널리, 더 많이 남기려는 본능에 따라 몇만 년에 걸쳐 격렬한 투쟁을 해 왔다. 그 과정에서 '속고 속이는' 일이 수없이 반복되었을 것이다.

예를 들어 화장도 상대방을 속이기 위한 기술의 일종이다. 오늘날에는 성형이라는 극단적인 방법을 사용하기도 한다.

게다가 성형과 화장은 더 이상 여성의 전유물이 아니다. 현대에 들어서는 남성들도 성형과 화장에 손을 대고 있다.

앞서 예로 든 A양처럼 자신보다 뚱뚱한 사람들 사이에 앉는 전략 또한 상대방을 명백히 속이는 기술이며, A양뿐만 아니라 실제로 그런 시도를 해본 사람이 수만 년간 수없이 존재했을 것이다.

한편 인간은 그런 역사를 통해 조금이라도 덜 속는 방향으로 마음을 진화시켜 왔다. 따라서 논문을 작성한 연구팀은 이 실험에 참가한 피험자들 역시 타깃 여성이 단지 착시효과 탓에 날씬해 보일 뿐이라는 점을 무의식적으로 깨닫고 있었을 것이라 생각했다.

참으로 야박한 이야기다. 사랑이 눈을 가린 것을 뇌가 전부 간파해 버리는 것이다. A양이 세운 작전은 시각적으로는 성공했지만, 진화한 우리의 뇌를 속일 만큼 정교하지는 못했다. 여기서 인간이 얼마나 대단한지, 또 진화의 힘이 얼마나 대단한지를 알 수 있다.

관련 실험은 아직 나오지 않았지만 이 논문의 결과가 꼭 신체 사이즈(살이 쪘는지 아닌지)에만 해당되는 것은 아닐 것이다. 다시 소개팅 자리를 예로 들어보자. 소개팅을 주선하는 사람은 흔히 자신보다 외모가 뛰어난 사람을 부르지 않는다. 일행 중 자신보다 외모가 뛰어난 사람이 있으면 자신이 더 낮게 평가될 거라 생각하기 때문이다. 자신이 돋보이려고 수수하게 생긴 친구를 곁에 앉히는 사람도 종종 있다.

하지만 이 작전도 좋은 결과로 이어지지는 않을 것이다. 외모 역시 신체 사이즈와 다르지 않다. 아무리 시각적으로 상대방을 속인다고 해도 자신이 지닌 매력까지 속일 수는 없다. 진화된 인간의 뇌는 우리의 잔꾀를 훌쩍 뛰어넘기 때문이다.

그러므로 만일 소개팅을 주선한다면 괜한 잔꾀를 부리지 말고, 겉모습에 상관없이 폭넓게 말을 걸어보자. 그러면 인간적인 평가가 올라가 언젠가는 근사한 사람을 만나게 될 것이다.

남성이 선호하는 날씬함이란?

오늘날 많은 사람이 모델 같은 호리호리한 체형을 선호한다. 즉 남성에게 매력적으로 보이려면 뚱뚱한 편보다는 날씬한 편이 유리하다.

그러나 한편에서는 남성들이 사실 마른 여성보다 조금 통통한 여성을 좋아한다는 말이 들리기도 한다. 나 역시 마른 여성보다는 조금 통통한 여성을 좋아한다. 진화심리학적으로 봤을 때 조금 통통한 체형이 건강 상태가 양호하고 가정 환경이 좋으며 안전하게 출산할 가능성이 높다. 즉 통통한 체형이 자손을 번영시킬 좋은 조건이라는 가설이 성립한다. 실제로 아프리카 여배우들을 보면 확실히 통통한 편이다. 그러므로 모든 문화를 초월해 날씬한 여성이 매력적이라고 말할 수는 없다. 나 자신도 상당히 통통한 편이어서 살을 빼기 힘들어하는 사람의 마음을 누구보다 잘 안다. 그러므로 통통한 분들도 이성과의 만남을 포기하지 않았으면 한다.

그러나 이쯤에서 슬픈 소식을 전하지 않을 수 없다. 방금전에 한 이야기를 다시 한 번 뒤집어야만 한다. 사실 '조금 통통한 여자가 좋아', '살이 조금 찐 편이 좋아' 라는 남자들의 말을 입증할 만한 심리학적 데이터가 현재로서는 없다. 그렇기는커녕 남자들은 이전 시대보다 더 살찌지 않은 여성을 좋아하는 것 같다. 이와 관련된 논문을 소개하고자 한다.

1993년에 〈성격 및 사회 심리학지〉에 '여성 체격의 매력도: 허리와 엉덩이 둘레 비율(waist-hip ratio, WHR)의 역할' 이라는 흥미로운 논문이 게재되었다. 다음 표를 보자.

왼쪽 두 그래프는 과거 미스 아메리카의 체형을 나타내고, 오른쪽 두 그래프는 〈플레이보이〉에 등장한 여성의 체형을 나타낸다. 위쪽 두 그래프의 세로축은 체중을 나타내며, 아래쪽 두 그래프의 세로축은 허리와 엉덩이 둘레의 비율을 나타낸다. 각 그래프의 가로축은 1920년대부터 1990년

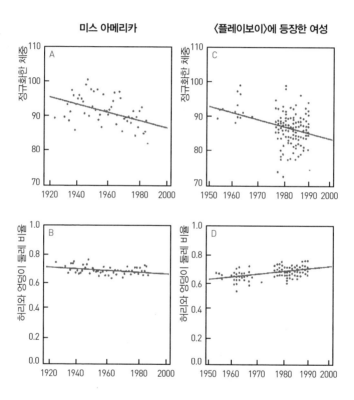

미스 아메리카와 〈플레이보이〉에 등장한 여성의 체형 추이[Devendra Singh (1993) Adaptive Significance of Female physical attractiveness: role of waist to hip ratio. Journal of Personality and Social Psychology, 65, 293-307.]

대까지의 시대 추이를 뜻한다.

우선 시간이 지날수록 이상적인 체중이 조금씩 감소하고 있음을 알 수 있다. 즉 남성들이 현대에 접어들수록 날씬한 여성을 더 좋아하게 되었다고 생각할 수 있다.

한편 허리와 엉덩이 둘레의 비율은 시대와 상관없이 0.7 정도로 조금도 변하지 않았다. 다시 말해 남성들이 이상적으로 생각하는 몸매는 예나 지금이나 가슴과 엉덩이가 빵빵하고 허리는 잘록한 체형이다. 예전보다 체중은 적게 나가면서도 여전히 볼륨감 있는 몸매를 원하는 것이다.

남성들이 "조금 통통한 편이 좋아"라고 하는 건 결코 체중을 뜻하는 말이 아니다. "허리와 엉덩이 둘레의 비율이 0.7에 가까운 (볼륨 있는) 체형을 유지해 줘"라는 말이다. 그러므로 여성들은 부디 남자가 하는 말을 곧이곧대로 듣지 않기를 바란다.

이 논문에는 남성들의 무시무시한 속내가 한 가지 더 드러나 있다. 오른쪽 표를 한번 보자. 왼쪽에서 오른쪽으로 허리와 엉덩이 둘레의 비율이 4단계로 증가하는 여성들의 그림이 그려져 있다. 1은 마른 체형, 2는 일반 체형, 3은 통통한 체형이다.

이 그림을 피험자에게 보여 주고 사귀고 싶은 여성을 선택

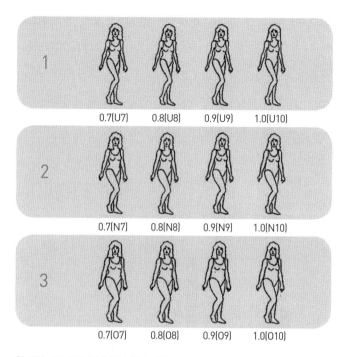

첫 줄이 마른 체형, 둘째 줄이 일반 체형, 셋째 줄이 통통한 체형이다. 세 체형 모두 왼쪽부터 허리와 엉덩이 둘레의 비율이 0.7, 0.8, 0.9, 1.0으로 증가한다. (Devendra Singh (1993) Adaptive Significance of Female physical attractiveness: role of waist to hip ratio. Journal of Personality and Social Psychology, 65, 293-307.)

하게 했다. 얼굴과 머리 모양은 같고 오직 체형만이 조작된 그림으로, 이런 조작이 가능하도록 실험에는 사진 대신 일러스트를 사용했다.

실험 결과를 나타낸 것이 바로 다음의 그래프다. 그래프의 가로축은 허리와 엉덩이 둘레의 비율이며, 그래프의 왼쪽이 마른 체형, 가운데가 일반 체형, 오른쪽이 통통한 체형이다. 그래프의 세로축은 피험자인 남성이 해당 여성(일러스트)에 대한 선호도를 나타낸 것으로, 막대가 위로 뻗을수록 더 사귀고 싶은 여성을 뜻하며 아래로 뻗을수록 사귀고 싶지 않은 여성을 뜻한다.

결과를 한번 보자. 제일 오른쪽 네 개의 막대가 전부 아래

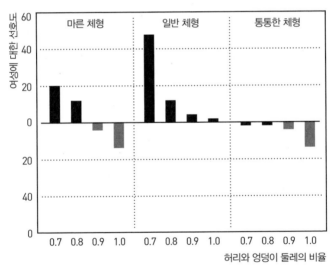

마른 체형과 일반 체형에 인기가 집중되어 있다. 특히 허리와 엉덩이 둘레의 비율이 0.7인 여성이 가장 이상적인 연인의 체형으로 뽑혔다.(Devendra Singh (1993) Adaptive Significance of Female physical attractiveness: role of waist to hip ratio. Journal of Personality and Social Psychology, 65, 293-307.)

를 향하고 있다. 즉 통통한 체형을 선택한 남성은 하나도 없었다. 뚱뚱한 여자를 기피하는 것이 남성들의 속마음인 것이다.

남성들은 마른 체형과 일반 체형에 집중했다. 특히 허리와 엉덩이 둘레의 비율이 0.7인 여성이 가장 많은 선택을 받았다. 즉, 남성들의 본심은 '허리가 잘록한 일반 체형의 여성'이 가장 좋다는 것이다. 노골적이긴 하지만 이것이 현실이다. 여성 독자분들은 부디 이 점을 명심하기 바란다. 이것이 남성의 평균적인 의견이다(물론 심리학은 평균치의 과학이므로 예외인 남성이 나타나길 바라는 것은 자유다).

착시효과만으로 속마음까지 속일 수는 없다

이야기를 다시 원점으로 돌려 보자. 에빙하우스 착시를 이용해서 신체 사이즈를 속일 수는 있어도 우리 뇌 안에 깊이 숨어 있는 무의식까지는 속일 수 없다. 이는 신체 사이즈뿐만 아니라 에빙하우스 착시 자체에도 해당된다. 다음의 논문을 보자.

멜빈 구데일(Melvyn A. Goodale) 교수는 뇌과학과 심리학의 가교가 될 만한 훌륭한 논문을 다수 집필했다. 그의 연구팀이 1995년 〈현대 생물학Current Biology〉에 발표한 논문을 소개하겠다.

연구팀은 피험자에게 에빙하우스 착시(41쪽 그림 참조)를 제시하고, 원의 크기가 얼마나 되어 보이는지를 측정했다. 실험 결과 착시 현상, 즉 중앙에 제시된 원이 그 주위를 둘러싼 다른 원의 크기에 따라 크거나 작게 보인다는 것이 데이터로 뚜렷하게 나타났다.

이번에는 피험자에게 화면 중앙에 놓인 원의 크기를 엄지와 검지로 가늠해 보라고 지시했다. 이때 피험자의 손가락에 센서를 달아 얼마만큼 벌리는지를 측정했다. 만약 착시 현상에 따라 행동한다면 원이 작게 보일 때는 손가락도 작게 벌리고, 원이 크게 보일 때는 손가락도 크게 벌릴 것이 분명했다. 그러나 측정 결과 손가락을 벌리는 정도는 항상 일정했다.

좀 더 확실히 하기 위해 실제로 크기가 조금 다른 두 원을 보여주고 크기를 가늠해 보게 하자 손가락을 벌리는 정도가 원의 크기에 따라 변했다. 즉 눈은 에빙하우스 착시 현상에 속아 넘어갔지만 실제 행동을 일으키는 뇌는 속지 않았다. 다시 말해 뇌의 깊은 곳에 자리한 무의식이 제대로 반응한 것이다.

이러한 실험 결과는 앞서 이야기한, 시각적으로는 신체 사이즈를 속일 수 있어도 사람이 지닌 매력도는 속일 수 없다는 사실과 매우 유사하다. 인간은 쉽게 속아 넘어가는 면과 전혀 속지 않는 강한 면을 동시에 지닌 매우 신기한 생물인 것이다.

이처럼 인간의 시각과 행동에는 많은 괴리가 존재하며, 이는 심리학에서 매우 흥미로운 주제다. 구데일 교수 연구팀은 시각과 행동이라는 두 영역에 있어서 뇌의 다른 부분이 각각 대응하며, 실수를 일으키지 않도록 체크하는 기구가 겹겹이 설정되어 있다고 주장한다. 이렇게 체크하는 기구가 있기에 우리가 안전하게 생활할 수 있는 것이다.

구데일 교수의 또 다른 연구를 간략하게 소개해 보겠다.

시각장애인 중에는 마치 눈이 보이는 것처럼 행동할 수 있는 사람이 있다. 시력을 잃어 장애인으로 판정받은 사람 중에 신비로운 제2의 시각, 즉 무의식의 시각을 가진 사람이 어느 정도 있다는 것이 실험을 통해 밝혀졌다.

구데일 교수 연구팀은 시각장애인들로 구성된 피험자 그룹에게 자동판매기의 동전 투입구처럼 생긴 삽입구(slit)를 제시했다. 제시된 삽입구의 각도는 가로, 세로, 대각선 등 매번 바뀌었다. 이 실험에서 구데일 교수는 피험자에게 '감으로 맞혀도 좋으니 삽입구의 기울기를 구두로 답해 보라'고 지시했다. 피험자들은 전혀 정답을 맞히지 못했다. 그러나 실제로 동전을 삽입구에 넣어 보라고 지시하자 삽입구에 맞춰 동전을 잡는 시각장애인이 있었다. 즉 눈에 보이지는 않지만 행동을 관장하는 뇌가 어떤 방법을 이용해 삽입구의 경사를 파악한 것이다.

구데일 교수는 인간의 시각 정보 전달 경로 중에는 대뇌피질의 시각야(視覺野)를 경유하는 경로뿐만 아니라 망막에서 피질 아래를 경유해 대뇌피질의 두정부에 정보를 전달하는 경로가 있으며, 이러한 경로로 인해 앞서 예로 든 신기한 시각, 즉 맹시(blindsight)가 존재한다고 예측하고 있다(보다 자세한 내용은 멜빈 구데일 교수의 명저《Sight Unseen》을 읽어 보기 바란다).

1장에서는 소개팅에 나갈 때 아무리 잔꾀를 부려도 별 소용이 없다는 이야기를 시작으로 남성의 속마음 그리고 인간이 잔꾀를 간파하는 능력을 진화시키는 과정에서 익히게 된 능력에 대해 설명했다. 인간은 상황에 따라 잔꾀를 부리는 능력과 함께, 그 잔꾀를 파악해내는 능력을 지녔다. 이렇듯 인간은 실로 대단한 존재다.

Chapter 2

상대방에게 확실하게
호감을 사는 방법
-표면적 친절 이론

심리학으로 상대방에게 호감을 얻는 법

인생을 살다 보면 비즈니스 거래나 맞선 같은 중요한 순간을 맞닥뜨리게 된다. 그런 자리에서 상대방에게 확실하게 호감을 사려면 어떻게 해야 할까? 심리학을 표방한 각종 노하우를 다룬 책들은 '늘 미소로 대하라', '상대방의 말을 경청하라' 등 다양한 전략을 소개한다. 과연 이런 방법은 과학적으로 근거가 있을까?

이와 관련하여 이번 장에서는 누구나 쉽게 따라할 수 있을 뿐 아니라, 꾸준히 연습하면 틀림없이 효과가 나타나는 방법을 소개하고자 한다.

코리 플로이드(Kory Floyd)와 래리 얼벌트(Larry A. Erbert)가 2003년 〈사회심리학 저널The Journal of Social Psychology〉에 발표한 논문에 그에 대한 힌트가 나와 있다. 이 논문을 토대로 볼 때, 다른 사람에게 호감을 얻고 싶다면 우선 상대방과 똑같은 자세나 동작을 취하면 된다. 상대방을 유심히 관찰한 뒤 그 사람을 최대한 흉내 내는 것이다. 또한 대화를 나누는 동안 상대방에게 최대한 긍정적인 태도를 보이면 효과가 커진다.

이 논문을 구체적으로 살펴보자. 플로이드와 얼벌트는 2인 1조로 이루어진 10여 개 팀을 대상으로 실험을 실시했다. 실험 내용은 피험자 두 명이 10분 동안 특정 주제에 대해 대화하는 것이었다. 연구팀은 팀들을 두 그룹으로 나누고 그룹별로 두 명 중 어느 한 사람으로 하여금 상대방의 이야기를 듣는 태도를 달리 하도록 조작했다.

우선 한쪽 그룹에게는 두 명 중 한쪽에게 상대방의 말에 긍정적인 태도를 취하게 했다. 이야기를 듣는 내내 상대방에게 미소를 짓고, 상대방의 몸을 가볍게 만지고, 상대방을 향해 고개를 돌리고, 상체를 앞으로 바싹 당기고, 팔짱을 끼거나 다리를 꼬지 않고, 상대방의 의견을 부정하지 않는 일련의 행동들을 철저히 지키게 했다. 또 다른 그룹에게는 두 명중 한쪽에게 이와 정반대되는 행동을 하도록 했다.

이 실험에는 또 다른 두 가지 조건이 있었다. 각 그룹을 다시 둘로 나누고 한쪽에게는 둘 중 한 사람에게 상대방을 최대한 흉내 내게 했다. 즉 상대방의 자세나 앉은 모양새를 비롯해 손과 목, 몸통 등의 방향과 높이, 위치 등을 최대한 따라하게 했다. 만일 상대방에게 들키면 실험이라는 사실이 발각되므로 가능한 자연스럽게 흉내 낼 것을 주문했다. 또 다른 쪽은 둘 중 한 사람에게 이와 정반대되는 행동을 하게 했다. 대화를 나누는 동안 몸의 방향이나 위치가 상대방과 최대한 다르게 한 것이다.

정리하자면 이 실험에는 2×2, 총 네 가지 조건이 존재한다. 상대방을 긍정적인 태도로 대하는 조건과 부정적인 태도로 대하는 조건, 그리고 상대방을 따라하는 조건과 최대한 따라하지 않는 조건이다. 피험자들은 이 네 가지 조건 가운데 어느 한 쪽에 무작위로 배정되었다.

연구팀은 대화를 마친 후 피험자들에게 상대방에 대한 호감도 등 전체적인 인상을 묻는 설문지를 작성하게 했다. 그 결과 상대방이 느끼는 친밀함이나 친숙함의 정도가 부정적인 태도를 취한 팀보다 긍정적인 태도를 취한 팀에서 훨씬 높게 나타났다. 게다가 상대방을 흉내 낸 팀이 상대방을 흉내 내지 않은 팀보다 친밀함과 친숙함 같은 호의적인 감정을 훨씬 더 강하게 느낀 것으로 나타났다.

그 누구도 몸을 전혀 움직이지 않은 채 대화를 지속할 수는 없다. 또한 우리는 누군가와 이야기할 때 무의식적으로 손을 입가에 가져가기도 하고 머리를 긁적이거나 손가락으로 무언가를 톡톡 두드리기도 한다. 바로 여기에 열쇠가 있다. 상대방에게 호감을 사고 싶다면 상대방과 똑같은 행동을 하면 되는 것이다.

상대방이 의자에 깊숙이 걸터앉으면 나도 자연스럽게 의자에 깊이 몸을 기대보자. 상대방이 머리를 긁적이면 나도 머리를 긁적여보자. 이런 행동만으로도 상대방에게 호감을 살 수 있다. 정말 간단한 방법이지 않은가. 이 전략의 장점은 대화를 주도하는 식의 지적인 노력 없이 그저 기계적으로 누구나 쉽게 실천할 수 있다는 점이다. 상대방이 헛기침을 하면 나도 '크흠' 하고 헛기침을 하면 된다. 그것만으로 충분하다.

여기에 긍정적인 태도를 더하면 효과가 커진다. 하지만 꼭 그렇게 하지 못해도 상관없다. 처음에는 그저 의식적으로 상대방과 눈을 맞추거나 얼굴을 정면으로 바라보기만 해도 된다. 한발 더 나아가 미소를 유지하되, 기회가 닿을 때 상대방을 가볍게 만지면 더 좋을 것이다. 팔짱을 끼거나 다리를 꼬지 않도록 주의하면서 말이다.

주의할 것이 하나 더 있다. 말을 할 때 '하지만'이나 '그건 그렇고', '그게 아니라' 등 부정적인 단어를 쓰지 않는 것이다. 대신 '그렇군요', '그것 참 대단하네요' 같은 긍정적인 말을 자주 하길 권한다. 이런 것들만 잘 지키면 당신은 틀림없이 상대방으로부터 호감을 얻을 수 있을 것이다.

처음에는 이런 행동이 진심에서 우러나오지 않더라도 괜찮다. 열심히 흉내 내는 것만으로도 충분하다. 이러한 동작과 전략을 반복적으로 실천해 습관이 된다면 당신이 지닌 매력이 부지불식간에 점점 더 커질 것이다.

단 이 또한 어디까지나 평균치의 과학이라는 점을 잊지 않기 바란다. 개별적인 사례에서는 신체적인 접촉을 싫어하는 사람도 많다. 매뉴얼이 절대적으로 옳다는 생각을 버리고, 개별적인 사례에 신중하게 적용하는 자세가 필요하다.

유흥업소에서 검증된 심리학 기법

지금 소개한 매뉴얼은 유흥업소의 호스트나 호스티스가 제일 처음 배우는 내용과 유사하다. 그들이 현장에서 어떤 노하우를 발휘하는지 궁금해 유명 호스트나 마담이 쓴 책들을 샅샅이 읽고 조사한 결과, 이와 동일한 내용이 빠짐없이 등장했다.

개인적으로, 호감을 얻는 실질적인 방법에 있어서는 심리학자가 쓴 책보다 그들이 쓴 책이 훨씬 더 신뢰가 간다. 그도 그럴 것이 과학자가 매뉴얼을 만들면 과학적 정통성에서 벗어난 수상쩍고 비즈니스적인 냄새가 풍기는 매뉴얼이 탄생해 버린다. 오히려 처음부터 비즈니스적인 목적으로 쓴 유명 호스트의 책이 더 순수하다는 생각이다.

그들은 마음을 다루는 일에 누구보다 프로페셔널하다. 심리학적으로 올바른 노하우를 아무리 많이 알고 있어도 이를 현장에서 제대로 활용하는 것은 별개의 문제다. 예를 들어 복싱에 대한 방대한 지식을 갖춘 복싱 팬이 있다고 하자. 하지만 그는 단 한 번도 복싱을 해본 적이 없다. 이런 사람이 실제로 복싱 경기에 출전한다면 어떨까? 십중팔구 경기에서 패하고 말 것이다.

이와 마찬가지로 심리학자도 심리학에 대한 풍부한 지식을 갖추고는 있지만 이를 실제로 활용해 본 경험은 그리 많지 않다. 반면 호스트나 호스티스는 현장에서 매일 경험을 쌓으며 스스로 정답을 발견한다.

다시 한 번 강조하지만 이성에게 매력적으로 보이고 싶다면 심리학 자체에만 빠져 있어서는 안 된다. 일류 호스트나 호스티스는 다들 이미 실천에 옮기고 있다. 이성으로부터의 인기, 즉 관심 있는 이성의 관심을 얻고 싶다면 심리학적 지식을 쌓는 것보다 현장에서 직접 노하우를 익힌 프로들의 이야기를 듣는 편이 좋다. 지식보다도 행동과 실천이 중요하다는 사실을 꼭 기억하자.

노력의 효과를 검증한 심리실험

나는 심리학자이기는 하지만 워낙 낯가림이 심해 대인관계에 서툴다. 술자리에서도 "세노 씨는 낯을 많이 가리네요", "세노 씨는 말을 할 때 눈을 마주치질 않네요" 같은 말을 많이 듣는다. 그런 말 속에 '심리학자인데도'라는 조소가 섞여 있다는 느낌을 많이 받는다. 그럴 때면 낯가림이 심한 성격이라 심리학자가 될 수 있었던 거라고 반박하고 싶지만, 그런 기분을 억누른 채 실실 웃고 만다.

얼핏 생각하기에 대인관계에는 타고난 재능이나 본능이 중요하게 작용하는 것 같다. 하지만 대인관계도 노력을 통해 개선할 수 있다는 논문이 있다. 그 논문을 논하기 전에 이와는 무관해 보이는 이야기를 하나 소개하겠다. 노력은 반드시 보답을 받는다는 것을 증명한 심리실험 이야기다.

"남이 보지 않는 곳에서 홀로 노력해도 누군가는 반드시 그 모습을 지켜본다. 그러니 낙심하지 말고 열심히 해라."

부모가 자녀에게, 교사가 학생에게 끊임없이 하는 말이다. 그런데 과연 이 말이 사실일까? 남몰래 쏟은 노력이 정말 누군가에게 전해질까?

실험 결과 이 말이 옳다는 사실이 밝혀졌다. 안드레아 모랄레스(Andrea Morales)라는 저명한 심리학자가 〈소비자 연구 저널Journal of Consumer Research〉에 이에 관한 논문을 발표했다.

모랄레스는 먼저 작은 편의점을 본뜬 실험실을 준비했다. 그리고 상품을 진열할 때 다음과 같은 두 가지 조건을 설정했다. 첫 번째 조건은 공들여 상품을 세심하고 꼼꼼하게 배치하는 것이었고, 두 번째 조건은 별다른 수고를 들이지 않고 최소한의 상품만을 배치하는 것이었다. 물론 피험자는 상품 진열에 이처럼 수고의 정도가 다른 두 조건이 존재한다는 사실을 전혀 알지 못했다.

이후 피험자에게 가게에 들어가 상품을 확인하게 한 후 '이 가게에서 얼마의 금액까지 써도 된다고 생각하는가?'라는 질문에 답하게 했다.

실험 결과 피험자는 가게 측에서 들인 수고의 정도를 의식하지 못했음에도 상품을 공들여 배치한 조건에서는 10.5달러까지 쓸 수 있다고 답한 반면 상품을 배치할 때 별다른 노력을 들이지 않은 조건에서는 8.2달러밖에 쓰지 않겠다고 대답했다.

이 결과는 가게 측에서 노력을 얼마나 기울였는지를 고객이 무의식적으로 알아차린다는 것을 의미한다. 가게 측이 열심히 노력하면 그 노력이 반드시 고객에게 전해지며 그 효과가 여실히 나타나는 것이다. 열심히 노력하다 보면 상대방도 그 노력을 알아차리고 이에 부응하려고 애쓰게 된다. 남몰래 흘린 땀방울도 언젠가는 보답 받게 되는 것이다.

대인관계를 개선하는 가장 쉬운 방법

대인관계나 사교성도 이와 마찬가지다. 즉 대인관계 또한 자신이 기울인 노력만큼 개선될 수 있다. 나는 지금까지 '저 사람은 왜 주위로부터 호감을 얻는 걸까?', '나는 왜 인기가 없을까?'라는 생각을 수없이 했다. 인기가 많은 사람들을 보면 천성이 밝고 늘 즐거운 듯해서 부러웠다.

하지만 사실 그들이 인기가 많은 이유는 남으로부터 인기를 얻기 위해 끊임없이 노력하고 있기 때문이다. 결코 태어날 때부터 인기가 많았던 것이 아니라는 말이다. 이 사실을 여실히 보여주는 연구 결과가 있다.

영국의 필립 에르윈(Philip Erwin)이 1993년 〈심리학 저널 The Journal of Psychology〉에 게재한 논문을 보면 인기 있는 아이가 인기를 얻기 위해 노력하는 행동이 인기 없는 아이보다 훨씬 많다는 것을 알 수 있다.

그는 같은 반에 다니는 5~6세 아동 26명을 대상으로 실험을 했다. 우선 아이들을 개별적으로 인터뷰했는데, '너는 누구와 가장 사이가 좋니?', '네가 가장 좋아하는 아이는 누구야?' 등의 질문을 던진 후 답변에 나오는 이름의 빈도수 등을 산출했다. 그리고 이를 참고로 26명 전원의 인기도를 서열화했다(아이들에게는 잔인한 일이었지만). 그 후 아이들에게 자유 시간을 준 다음 이때 벌어지는 일들을 비디오로 녹화해 개개인의 행동을 빈틈없이 기록했다.

그런 다음 그 반 아이들과 아무런 관련이 없는 성인에게 영상을 보여주고 아이들이 저마다 어떤 행동을 몇 번 하는지를 분석하게 했다. 예를 들어 친구와 교류하지 않고 혼자 멍하니 있는 횟수가 얼마나 되는지, 친구에게 고맙다는 말을 몇 번이나 들었는지 등이었다.

그리고 앞서 작성했던 서열을 바탕으로 인기가 가장 많은 상위 4명과 인기가 가장 없는 하위 4명을 각각 한 그룹으로 하여 각 행동의 출현 빈도를 비교했다. 그 결과 혼자 멍하니 있던 횟수의 경우 상위 그룹은 평균 7.25회인 반면 하위 그룹은 평균 14.75회나 되었다.

이 차이는 통계적으로도 유의미한 것이었다. 참고로 통계적으로 유의미한 차이라는 것은 데이터를 수학적으로 분석했을 때 두 조건 사이에 나타나는 수치적 차이가 우연의 수준을 넘어선다는 뜻이다. 이처럼 통계적으로 유의미한 차이는 데이터의 샘플 수나 수치의 불규칙한 분포에 따라 매번 달라지며, 수치 자체의 절댓값 차이만으로 결정되는 것이 아니라는 점에 유의하기 바란다.

다시 본론으로 돌아가자. 흥미롭게도 인기 상위 그룹은 다른 아이들과의 적극적인 교류가 평균 3회 발생한 데 반해 인기 하위 그룹은 단 한 번도 없었다. 이러한 적극적인 교류를 따지기 이전에, 어린이들 사이에 깊은 유대감을 형성할 만한 교류 횟수만 보더라도 인기 상위 그룹은 3.34회인데 반해 인기 하위 그룹은 1.98회에 불과했다.

이 데이터를 통해 아이들이 인기를 얻는 이유는 타인과 적극적으로 교류하면서 긍정적인 관계를 구축하려고 스스로 노력하고 있기 때문이라는 사실이 드러났다. 인기를 얻기 위해 남몰래 기울인 노력이 다른 아이들에게 제대로 전달되었으며, 이런 노력 덕분에 인기가 많아졌던 것이다.

앞서 설명한 것처럼 인간에게는 타인의 노력을 예민하게 감지하는 능력이 있다. 그러므로 스스로 노력하면 그만큼 호감을 얻을 수 있다. 호감을 얻기 위해 쏟은 노력은 반드시 주위 사람에게 전해지고, 그만큼의 보답이 자신에게 돌아온다. 결국 다른 사람과 좋은 관계를 맺는 비결은 스스로의 노력인 셈이다.

'나는 호감을 얻지 못해', '주위 사람들에게 인기가 없어'라며 움츠려 있기만 하면 영영 고립될 수밖에 없다. 가만히 있지 말고 먼저 상대방에게 적극적으로 다가가자. 그런 노력을 반복하는 것이 인기 있는 사람이 되는 지름길이다.

적극적으로 다가가려고 해도 구체적인 방법을 모르겠다면 이번 장의 서두에 나온 이야기를 다시 떠올려 보기 바란다. 긍정적인 태도를 연습하는 방법은 앞에서 이미 다 소개했다. 상대방을 마주 보고, 눈을 마주치고, 상대방의 몸을 가볍게 만지고, 팔짱을 끼거나 다리를 꼬지 않으며, 상대방의 행동을 따라하는 것. 이것이 바로 답이다. 진심이 담겨 있지 않아도 된다. 형식적인 행동만으로도 충분히 효과를 거둘 수 있다.

때로는 이러한 인과관계가 반대가 되기도 한다. 즉 긍정적인 태도를 자주 보임으로써 인기가 많아지는 것이 아니라, 인기가 많다 보니 주변 사람들에게 긍정적으로 행동하게 되는 경우도 있다. 어느 쪽에 해당하는지는 사람에 따라 다르겠지만, 인기 많은 사람이 되고 싶다면 아무런 대책도 세우지 않는 것보다는 의식적으로 긍정적인 행동을 반복하는 노력을 하는 편이 훨씬 낫다고 본다.

호감을 얻는 데도 지름길이 있다

지금까지 심리학적 연구를 바탕으로 형식적으로라도 친절하고 적극적으로 행동하면 인기를 얻을 수 있다는 사실을 설명했다. 여성과 함께 길을 걸을 때는 무조건 차도 쪽으로 걷는 것과 같이 비록 형식적인 행동이더라도 상대방에게 사소한 친절을 베풀면 인생을 좋은 방향으로 바꿀 수 있다. 이는 이미 심리학적으로도 증명되었다.

브루스 린드(Bruce Rind)와 프라샨트 보르디아(Prashant Bordia)는 1995년과 1996년에 흥미로운 실험을 연이어 실시했다. 한 레스토랑을 실험 장소로 정하고, 식사를 마친 손님에게 영수증을 건넸다. 1995년의 실험에서는 영수증에 '감사합니다!'라고 직접 글을 쓴 경우와 쓰지 않은 경우를 비교했고, 1996년의 실험에서는 영수증에 스마일 마크를 그려 넣은 경우와 그리지 않은 경우를 비교해 보았다.

그 결과 두 실험 모두 사소한 친절을 나타낸 조건 즉 '감사합니다!'라는 글귀를 적었거나 스마일 마크를 그려 넣었을 때가 그렇게 하지 않았을 때보다 손님에게 더 많은 팁을 받았고, 팁을 받은 빈도도 높았다. 스타벅스나 털리스 커피가 고객에게 자주 메시지를 적어주는 것도 이러한 심리학적 이론에 기반을 둔 것으로 짐작된다.

린드가 이끄는 연구팀은 1999년에 북부 뉴저지에 위치한 어느 레스토랑에서 또 다른 실험을 실시했다. 이 실험에는 그 레스토랑에 과거 2년간 근무한 적이 있는 20대 여직원이 실제로 참여했다. 앞의 실험들과 마찬가지로 그 여직원은 식사를 마친 손님에게 메시지를 덧붙인 영수증이나 아무 말도 적혀 있지 않은 영수증을 건넸다. 메시지는 소소한 친절을 느낄 만한 가게의 선전 문구로 'ㅇ일부터(실험한 날에 따라 날짜는 변동시켰다) 스페셜 디너를 개시합니다. 맛있는 각종 해산물이 들어가니 꼭 들러주세요'라는 내용이었다.

실험 결과, 영수증에 메시지를 첨가했을 때 팁을 받은 확률이 대략 20퍼센트였던 반면, 메시지를 첨가하지 않았을 때는 약 17퍼센트의 확률을 보였다. 근소하기는 하지만 유의미한 차가 발생한 것이다. 즉 내용에 상관없이 상대방에게 상냥하고 따뜻한 메시지를 제시하면 그러한 호의와 친절이 자신에게 되돌아온다고 볼 수 있다(이 실험은 81그룹, 총 315명의 손님을 대상으로 이루어진 만큼 샘플 수도 충분했다).

심리학 용어 중에 '호의의 보답성'이라는 말이 있다. 타인에게 호감을 얻고 싶거나 타인이 상냥하게 대해주기를 바란다면 자신이 먼저 친절하게 굴어야 한다는 이론이다. 앞서 소개한 논문에도 이 점이 분명히 나타나 있다. 즉 주변 사람들에게 소중한 존재가 되고 싶다면 내가 먼저 그들을 소중히 여기는 것이 가장 빠른 지름길이다.

이번 장의 내용을 정리해 보자. 우선 대인관계에 뛰어난 사람은 그만큼 노력하고 있다는 검증된 사실을 받아들이자. 우리가 쏟은 노력은 결코 우리를 배신하지 않는다. 인간에게는 상대방의 노력을 예민하게 감지하는 능력이 있다. 대인관계를 개선하기 위해 꾸준히 노력한다면 그 노력이 주위 사람들에게 확실하게 전달될 것이다.

이는 결코 어렵지 않다. 긍정적인 태도를 취하고 상대방을 흉내 내려고 노력하는 것만으로도 충분하다. 굳이 감정을 담지 않아도 된다. 형식적으로라도 계속 긍정적인 행동을 보이면서, 상대방의 사소한 몸짓이나 행동을 그대로 따라 하기만 하면 된다. 이런 행동이 자연스럽게 몸에 밸 때까지 열심히 노력하자.

다시 한 번 말하지만 노력 없이 사람의 마음을 얻을 수는 없다. 인기가 없다고 한탄하기보다는 자신의 노력이 부족했다는 사실을 인정하자. 긍정적인 태도와 상대방을 흉내 내는 행동이 자연스럽게 나올 때까지 노력한다면 당신은 틀림없이 지금보다 훨씬 인기 많은 사람이 될 것이다. 또한 당신이 호감을 느끼는 사람의 마음도 사로잡게 될 날이 올 것이다.

Chapter 3

똑똑해지고 싶다면
머리를 많이 쓰지 마라
-뇌의 활성화

방송이나 광고 등 대중매체에 출연하는 심리학자는 한정된 시간 내에 정보를 전해야 하기 때문에 어떤 이론에 대해 시청자들에게 충분히 설명할 수 없다.

　결국 짧게 요약한 몇 마디로 자신의 설명이 전부인 것처럼 단정 짓고 만다. 이에 대중은 그 이론에 대해 잘 알게 된 것처럼 착각하게 되는데 이는 매우 위험하다. 이번 장에서는 이에 대해 경종을 울리려고 한다.

두뇌 활동에 대한 일반적인 오해

　　　　　　　　　　'○○공부법으로 뇌를 활성화하자!', '성공하려면 뇌가 활성화되어야 한다!'는 말을 들어본 적이 있을 것이다. 그러나 이런 말을 그대로 믿으면 안 된다. 공부나 기술 습득에는 뇌를 활성화하는 것보다 '뇌를 어떻게 활성화하지 않을 것인가'가 더 중요하기 때문이다.

일본 국립정보통신기술연구소의 나이토 에이치(内藤榮一)와 히로세 사토시(廣瀬智士)는 〈첨단 인간 신경 과학Frontiers in Human Neuroscience〉에 이와 관련한 논문을 발표했다. 논문 제목은 '네이마르의 뇌에서 일어나는 효과적인 발 운동 제어(Efficient foot motor control by Neymar's brain)'이다.

네이마르는 브라질 축구 국가대표팀의 주전 선수로, 브라질 축구를 논할 때 결코 빠지지 않는 세계적인 스트라이커다. 스물셋이라는 젊은 나이에 지금까지(2015년 12월 시점) 브라질 대표로 총 64경기에 출전해 44골이라는 높은 득점을 기록했고, 2014-2015 UEFA 챔피언스리그에서는 소속팀인 바르셀로나를 우승으로 이끌었다. 그가 매우 뛰어난 스트라이커라는 사실은 그간의 경력과 각종 데이터가 입증하고 있다. 그런 네이마르가 플레이를 할 때 그의 뇌에서는 과연 어떤 일이 벌어질까?

바로 이러한 의문이 논문의 주제였다.

여러분은 아마도 네이마르가 축구를 하는 동안 그의 뇌가 평소보다 활성화될 것이라고 생각할 것이다. 좀 더 구체적으로, 뇌를 스캔하면 화면에 비친 뇌가 온통 빨간색일 것이라고 짐작할 수도 있다.

나이토와 히로세는 뇌 MRI를 이용해 실제로 네이마르의 뇌를 검사해 보았다. 말은 그렇지만 사실 기계 안에 들어가 뇌를 스캔하는 동안에는 축구를 할 수 없다. 공을 움직일 만한 공간도 없을뿐더러 검사하는 동안 머리를 고정시켜야만 한다. 그래서 그들은 네이마르에게 오른쪽 발끝을 1초에 1번씩 빙글빙글 돌리게 한 다음 그때 일어나는 뇌의 활동을 관찰했다.

　어쩌면 당신은 '뭐야, 실제로 축구를 하는 게 아니잖아. 발목을 돌리기만 하는 건 축구와 너무 다르지 않아?'라고 생각할지 모른다. 그러나 나이토는 축구의 플레이는 기본적으로 발의 다양한 움직임으로 구성되므로 발목을 회전시키는 동작 하나에도 실력이 나타난다고 생각했다.

　축구나 테니스든 혹은 춤이나 연극이든 세세한 동작이 어우러져 복잡하고 창의적인 행동을 만들어낸다. 따라서 네이마르가 발목을 돌리기만 해도 어떤 식으로든 그의 뛰어난 축구 실력이 뇌 활동에 나타날 것이라는 가설을 세웠던 것이다.

　이 가설에 대부분 '네이마르는 세계 최고 수준의 선수이니 축구를 할 때 뇌가 풀가동될 거야. 발목을 돌리는 것에도 다른 사람에 비해 뇌의 활동량이 압도적으로 많겠지'라고 생각할 것이다. 그동안 '실력을 발휘하려면 뇌를 활성화해야 한다'는 식의 단순한 뇌과학만 접해왔기 때문이다.

그렇다면 실제 뇌 영상은 어떨까. 아래의 그림을 보기 바란다. 위쪽 가장 왼편에 보이는 사진이 네이마르의 뇌이고, 그 옆에 있는 세 개의 사진은 일본 프로 축구 선수들의 뇌다. 아래쪽 가장 왼편의 사진 두 장은 수영 선수의 뇌, 그 옆의 사진 한 장은 일반인의 뇌다.

사진을 보면 뇌의 활동량이 네이마르의 뇌에서 일반인의 뇌로 갈수록 많아질 뿐만 아니라 활동 부위 또한 늘고 있다. 네이마르의 뇌는 신체 운동을 관장하는 부위, 그중에서도 특

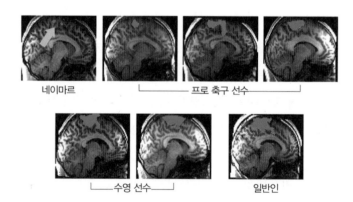

네이마르　　　　└──── 프로 축구 선수 ────┘

└── 수영 선수 ──┘　　　　일반인

발목을 움직였을 때의 뇌 활성도. 네이마르의 뇌가 최소한으로 활성화되고 있음을 알 수 있다. (Eiichi Naito and Satoshi Hirose (2014) Efficient foot motor control by Neymar's brain. Frontiers in Human Neuroscience, 8, Article 594.)

히 발과 관련된 것으로 추정되는 부위만 활성화되고 있다. 반면 일반인의 뇌는 시각과 관련된(보기 위해 사용하는) 후두부와 생명 유지 활동과 관련된 뇌간까지 활성화되고 있다.

네이마르는 발을 움직일 때 뇌를 최소한으로 활성화하고 있으며, 그 다음이 프로 축구 선수, 그 다음이 축구 선수는 아니지만 몸을 많이 사용하는 수영 선수였다. 반면 일반인은 뇌 활동이 가장 활발했을 뿐 아니라 활동 부위가 여러 영역에 걸쳐 나타났다. 하지만 네이마르는 운동령(運動領)이라는 부위의 불과 두 영역, 그것도 매우 작은 부분만이 활성화되고 있었다.

뒷장의 표는 네이마르를 비롯한 다른 피험자들의 뇌를 매우 작은 정육면체 형태로—이를 '복셀(voxel)'이라고 한다—잘게 나누었을 때, 뇌의 활동 부위가 얼마나 많은 정육면체로 표현될 수 있는지를 수치화한 것이다.

네이마르의 수치는 불과 200 정도인데 반해, 축구 실력이 떨어질수록 뇌 부위(복셀의 수)가 증가함을 알 수 있다. 특히 일반인의 뇌는 네이마르에 비해 무려 10배나 많다. 또 축구 실력에 비례해(상관해) 활동량이 줄어든다는 점에서 발목 운동 하나에도 축구 실력이 반영된다는 사실 또한 알 수 있다.

즉 축구를 잘하고 몸을 컨트롤하는 능력이 뛰어난 사람일

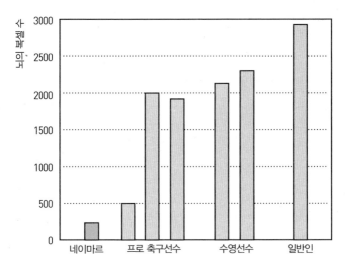

발목을 움직였을 때의 뇌 활동 영역(Eiichi Naito and Satoshi Hirose (2014) Efficient foot motor control by Neymar's brain. Frontiers in Human Neuroscience, 8, Article 594.)

수록 그에 할애되는 뇌의 활동은 줄어든다. 다시 말해 특출한 사람의 뇌는 그 활동에 꼭 필요한 부분만을 효율적으로 활성화한다고 말할 수 있다.

오해를 불러일으킬 수 있는 표현이지만 군이 말하자면 '뇌가 활성화되지 않을수록' 실력이 뛰어난 것이다. 바꿔 말해 '어떻게 뇌를 활성화하지 않을 것인가'를 생각하는 것이 기술 습득, 특히 좀 더 정교한 기술을 익히는 데 중요하다는 결론을 내릴 수 있다.

뇌가 활성화되지 않도록 뇌를 활성화하라

사실 이 결과는 당연하다. 뇌가 활동하면 해당하는 뇌 부위의 혈류량이 증가한다. 즉 뇌의 활성화가 일어날수록 그만큼 에너지를 더 사용하게 되는 것이다. 정교한 기술을 가진 사람은 최소한의 에너지로 똑같은 기술을 더 간단하게 해낼 수 있다. 네이마르의 뛰어난 축구 실력은 다른 선수보다 적은 에너지로 양쪽 발을 통제한다는 점에 있는 것이다.

구구단을 알면 덧셈을 반복해야 하는 에너지를 절약할 수 있다. 곱셈을 쉽게 할 수 있으므로 더 복잡한 계산도 가능해진다. 구구단을 모르는 사람이 중학교나 고등학교에 들어가 수학을 배운다고 가정할 때 얼마나 고생할지 쉽게 상상할 수 있다. 바꿔 말해 구구단을 외움으로써 계산에 필요한 에너지를 절약할 수 있는 것이다. 또한 에너지를 절약하는 만큼 더 깊이 있고 어려운 수학적 사고가 가능해진다.

수학 강국인 인도에서는 아이들에게 구구단을 19단까지 외우게 한다. 즉 곱셈을 하느라 뇌가 활성화되지 않도록 하는 것이다. 인도인이 깊이 있는 수학적 사고를 할 수 있는 것은 19단을 통해 뇌 활동에 필요한 에너지를 절약할 수 있기 때문일 수도 있다.

즉 기초적인 활동에 노력이 적게 들어가면, 이를 복잡하게 조합한 종합적이고 깊이 있는 활동 또한 간단히 할 수 있게 된다. 이는 네이마르와 같은 운동적 기능과 인도의 19단 암기와 같은 지적 기능에 모두 해당하는 원칙이다. 뇌에 필요한 에너지를 절약함으로써 더 높은 곳에 쉽게 오를 수 있는 것이다. 자동차의 경우 운전 습관을 바꾸는 것만으로 같은 양의 연료로 더 먼 거리를 갈 수 있는 것과 같은 이치다.

따라서 운동이든 공부든 한 분야에서 좋은 결과를 거두고 싶다면 '어떻게 뇌를 활성화할 것인가'가 아니라 '어떻게 뇌를 활성화하지 않을 것인가'를 목표로 삼아야 한다. 물론 뇌를 활성화하지 않으려면, 즉 뇌 활동에 필요한 에너지를 절약하려면 반복적인 연습이 필요하다. 즉 뇌가 활성화되지 않는 것을 목표로 뇌를 활성화해야 하는 것이다.

이런 의미에서 '뇌를 활성화하면 인생이 풍요로워진다'는 말은 확실히 틀린 말이 아니며, 그 정반대의 말 또한 진리인 것이다. 하지만 두 말 모두 액면 그대로 받아들이면 안 된다. 즉 '뇌의 활성화가 필요하다'는 말은 '뇌의 활성화를 최소화해 에너지를 절약하는 것을 목표로 하라'는 말과 늘 한 쌍을 이룰 때 의미가 있다.

상반되는 두 문장을 연결시킬 수 있는 과학적 배경을 알아야 비로소 뇌 활동을 올바르게 이해할 수 있다.

수상한 심리학이 넘쳐나는 텔레비전

다만 여기서 한 가지 당부하고 싶은 점이 있다. 그렇다고 해서 과학적 설명 없이 단정적인 말로 정리하는 심리학자들을 무시해서는 안 된다.

어떠한 사실을 과학적인 정확성을 유지하면서 쉽게 설명하기란 쉽지 않다. 알기 쉽게 간단히 설명하려다 보면 정확성을 잃게 된다. 반대로 가능한 정확하게 전달하려다 보면 설명이 복잡하고 지루해져 버린다.

나 또한 강연과 집필을 하면서 항상 이러한 어려움을 겪고 있기 때문에 시청자의 이해를 우선하는 텔레비전 방송을 비난하고 싶지 않다. 텔레비전이라는 매체의 특성상 어쩔 수 없는 부분이 있다(텔레비전에 출연하는 심리학자보다 오히려 연구실에 앉아서 그들을 비난하는 심리학자가 더 문제라고 본다. 대중을 이해시키려고 열심히 애쓰는 과학자를, 그런 노력조차 하지 않는 과학자가 비웃는 것은 잘못된 태도다).

그렇다면 어떻게 해야 할까? 답은 간단하다. 심리학자들이 텔레비전에 나와서 하는 말에 반신반의하는 태도를 취하면 된다. 그들의 의견은 과학적 정확성을 희생시키는 경우가 거의 100퍼센트다. 스스로 책이나 논문 등에서 과학적 사실을 자세히 파악한 후에 판단해야만 한다. 스스로 사고하는 습관을 기르지 못하면 언제까지나 무지한 채로 남을 수밖에 없다.

후지TV의 인기 프로그램인 '정말이야!? TV'에서도 프로그램을 마칠 때 반드시 "어디까지나 학자의 일설이므로 '정말이야!?'라는 자세로 즐겨 주시기 바랍니다"라는 주의사항을 내보내고 있다. 즉 텔레비전을 통해 과학을 정확하게 전달하는 일 자체가 근본적으로 무리인 것이다. 애초에 과학은 방송을 위해 만들어진 것이 아니기 때문이다. 그러므로 텔레비전을 통해 접하는 과학적인 지식을 무턱대고 믿지 말았으면 한다.

텔레비전에서 몰래카메라를 방영할 때는 '이거 다 짜고 하는 거야'라는 생각으로 시청한다. 몰래카메라는 기본적으로 '짜고 치는 고스톱'이라는 전제 하에 즐긴다. 또 다른 예로 다운타운(일본의 유명한 개그 콤비-역주)의 콩트는 미리 연습했다는 걸 알면서도 보고 있으면 즐겁다.

텔레비전 방송은 모두 그런 콩트 정도로 여기는 것이 맞다. 과학자가 식견을 늘어놓는 것 또한 콩트인 셈이다. 텔레비전을 통해 올바른 과학을 전달하기란 불가능하기 때문이다. NHK의 과학 프로그램이든 BBC의 특집방송이든 전부 그렇다.

심리 프로그램에 속지 않으려면

약 10년 전 도쿄대학에 있을 때 어느 방송 프로그램에서 내 지도 교수님의 연구실을 취재하러 온 적이 있었다. 방송 주제는 '뇌는 앞뒷말을 맞추는 데 천재'라는 것이었다. 당시 박사 후 과정이었던 나는 리포터 역할을 한 여성 탤런트 Y씨에게 어떤 영상 자극을 보여주었다. 천장, 바닥, 벽 등 암실 전체에 무수히 많은 흰색 점이 돌아다니는 영상으로, 이를 본 사람은 마치 자기 몸이 움직이고 있는 듯한 착각에 빠져 똑바로 서지 못하고 비틀거리게 된다.

협의 단계에서 담당 PD에게 영상을 보여주자 그는 크게 비틀거렸다. 그러나 방송을 촬영하는 날 같은 영상을 본 Y씨는 조금도 비틀대지 않았다. 이는 전혀 이상한 일이 아니었다. 이런 착각은 사람마다 반응 정도가 다르기 때문에 모든 사람이 그렇게 되는 것은 아니었다. 과학에서 그런 개인차가 존재하는 것은 오히려 당연했다.

하지만 PD는 그 자리에서 "Y씨, 좀 비틀거리는 모습을 보여 주세요"라고 지시했다. Y씨는 지시대로 몸을 비틀거렸고, 방송 당일 텔레비전에서는 비틀대는 Y씨의 모습이 나왔다. 텔레비전 방송이란 '거대한 연출'이라는 걸 그때 실감했다.

방영시간이 짧은 방송에서는 영상 자극이 사람을 비틀거리게 해야만 한다. 영상 효과에 개인차가 존재한다는 과학적 진실이나 정확성은 편집 대상이 될 뿐이었다. 그러나 그런 지엽적인 사실을 삭제하지 않고 제대로 이해시키는 것이 과학의 올바른 태도이기도 하다.

Y씨의 과도한 연기는 평균치의 과학을 부정해 버린 전형적인 사례다. 그녀에게 보여 준 영상 자극은 평균적으로 몸이 비틀거릴 만한 것이었지만, 개별적인 사례에서는 예외도 있다. 하지만 방송에서 다루는 심리학에서는 이 같은 예외적인 사례는 그저 없애야 할 대상이다. 텔레비전 같은 매체는 평균치의 과학을 마치 평균치밖에 존재하지 않는다는 식으로 연출한다. 그리고 바로 그런 점이 텔레비전이 전하는 심리학의 수상쩍은 부분일 것이다.

텔레비전에 나오는 과학은 대개 그렇다. 따라서 현명한 시청자가 되려면 가능한 한 설명이 풍부하게 나와 있는 자료를 직접 접해야 한다. 가장 좋은 방법은 원저인 논문을 읽는 것이다. 그러나 영어로 쓰인 논문을 일반인들이 읽으려면 상당한 시간이 걸린다. 이를 해결하려면 일반인들에게 과학을 적절하게 전달하는 과학 전문 기고가가 더 많아져야 한다고 생각한다.

나는 심리학이라는 극히 한정된 분야의 전도자일 뿐이지만 과학의 재미를 더 많은 사람에게 알리고 싶은 마음이 간절하다. 많이 부족하지만 이 책을 통해 과학의 독특한 멋과 유쾌함이 전해지기를 바란다.

Chapter 4

긍정적인 사고로
정말 인생이 바뀔까?
-부정적 사고의 효능

부정적인 사고는 백해무익할까?

전에 없이 긍정적인 사고를 강조하는 시대다. '고민을 떨쳐내고 웃어라!', '앞만 보고 달려가라!', '포기해선 안 된다!', '끝까지 믿음을 잃지 말자!' 등의 이야기가 계속 회자되고 있다.

사실 나는 과도하게 부정적인 데다 쓸데없는 걱정도 많고 예민하기까지 하다. 그래서인지 너도나도 '밝게, 더 밝게!'라고 외쳐대는 분위기에 자꾸 주눅이 든다. 긍정적으로 생각하자고 마음먹은 순간 무의식중에 최악의 사태를 가정하는 부정적 모드가 발동한다. 아마 이 세상 모든 부정적 사고의 소유자들이 그럴 것이다. '바꿔 봐!'라는 말 한마디로 바뀔 수 있다면 이렇게 고생하지도 않을 것이다.

때때로 나는 부정적인 사고가 도를 넘어선 나머지 회의에 지각해 상대방이 불쾌해 하지 않을까, 혹시 어떤 불이익이 생기지 않을까 걱정한다. 그래서 버스나 지하철이 다소 지연되더라도 늦지 않을 만큼 일찍 출발한다. 그러다 보니 늘 약속 장소에 20분 이상 먼저 도착해 멍하니 기다리곤 한다.

한번은 해외 출장을 마치고 귀국하는 날, 늦지 말아야 한다는 생각이 너무 심했던 나머지 이륙 5시간 전에 공항에 도착한 적도 있다.

그렇다면 이런 부정적인 사고는 정말 백해무익한 걸까? 세상에 널리 퍼져 있는 긍정적인 사고의 효과는 무조건 옳기만 할까? 이번 장에서는 사람들이 기피하는 부정적인 사고의 숨은 가능성에 대해 이야기해 보려고 한다.

부정적인 사고의 매력

나는 부정적인 사고 탓에 늘 상대방을 기다리고 공항에서 아까운 시간을 낭비했다. 하지만 과연 그게 전혀 쓸모없는 짓이었을까?

사실은 그렇지 않다. 회의에 지각해 평판을 떨어뜨릴 일이 절대 없다. 공항에 늦게 도착해 비행기를 놓치는 것보다는 오래 기다리더라도 미리 가는 편이 낫다. 이처럼 조금만 관점을 바꾸면 부정적인 사고에도 매력이 있다는 것을 알 수 있다.

한 예로 일본을 대표하는 작가는 대부분 부정적인 사고를 가졌다. 아쿠타가와 류노스케, 다자이 오사무, 미시마 유키오, 가와바타 야스나리 등 일일이 열거할 수 없을 정도다. 비단 일본 작가만 그런 것이 아니다. 세계적으로 보더라도 작가라는 직업은 부정적인 사고가 창작의 원동력이 된다. 헤르만 헤세, 오스카 와일드, 도스토옙스키 등 예로 들 만한 사람은 얼마든지 있다.

이를 볼 때 창의성과 부정적인 사고 사이에는 어떠한 인과관계가 있는 것 같다. 내 생각에 부정적인 사고는 사물에 대해 깊이 생각하는 것과 관련이 있어 보인다. 연구자 중에도 부정적인 사고를 가진 사람이 무척 많다. 즉 무슨 일이든 긍정적인 사고가 중요하며 부정적인 사고는 무조건 버려야 한다는 생각은 틀렸다고 할 수 있다.

물론 '아쿠타가와도, 다자이도, 가와바타도 전부 자살했잖아! 역시 부정적인 사고는 백해무익한 게 분명해!'라고 할 수 있다. 하지만 만약 내게 아무것도 이루지 못한 채 그저 웃기만 하는 나날을 보내는 사람과 위대한 업적을 달성한 후 정신이 병들어 자살하는 사람 중 누가 더 인간적으로 훌륭하냐고 묻는다면 쉽게 대답할 수 없을 것 같다.

물론 가장 좋은 건 하루하루를 즐겁게 살면서 무언가를 이루는 것이다. 그러나 하루하루 괴로운 삶을 살아가고 있는 사람도 수없이 많으며, 그들의 삶이 옳지 않다고 말할 수 없다. 오히려 나는 그들에게 부정적인 사고의 효용을 전하고 싶다. 가만히 있어도 힘든 사람들을 더 주눅 들게 하지 말라고 세상에 외치고 싶다. 다 큰 어른이 왜 낯을 가리냐고 비웃지 마라. 세상에는 나처럼 부정적인 사고를 가진 사람들이 지탱하는 부분도 분명 있으니 말이다. 이제 긍정적인 사고가 지닌 마이너스적 요소를 다룬 논문 한 편을 소개하겠다.

긍정적인 상상이 결과를 망친다?

헤더 베리 카페스(Heather Barry Kappes)와 가브리엘 외팅엔(Gabriele Oettingen)이 2011년에 〈실험사회심리학저널Journal of Experimental Social Psychology〉에 보고한 논문을 보면 장래에 대한 긍정적인 이미지가 반드시 좋은 결과를 가져오지 않는다는 걸 알 수 있다.

이들은 실험에서 여학생들을 두 그룹으로 나누고 한 그룹에게는 하이힐을 신음으로써 얻을 수 있는 아름다움과 주위의 칭찬을 상상해 보게 했다. 반대로 다른 그룹에게는 긍정적이지 않은 상상, 즉 칭찬을 받을 수 없다고 상상하게 했다.

그 뒤 심박수와 혈압을 측정했다. 참고로 의학적 관점에서는 혈압이 높을수록 신체에 에너지가 넘치는 상태라고 볼 수 있다. 실험 결과 놀랍게도 긍정적인 이미지를 상상한 여학생 그룹의 혈압이 더 낮게 나타났다. 게다가 앞으로 다가올 일주일 동안 자신이 처리할 수 있는 일에 대해 긍정적인 상상을 하게 하자, 역시 부정적인 상상을 한 그룹보다 혈압이 떨어지고 말았다.

그뿐만이 아니었다. 실제로 일주일 뒤 그동안 일어난 일을 7점 만점으로 평가하게 하자 부정적인 상상을 한 그룹이 긍정적인 상상을 한 그룹보다 낮은 평점을 기록했다. 즉 긍정적인 일을 상상하면 혈압이 떨어질 뿐만 아니라(에너지가 줄어들 뿐만 아니라), 그 후 일주일의 시간을 즐길 수 없게 되는 것이다.

물론 이것은 하나의 반증에 불과하며, 긍정적인 사고가 활력을 증가시킨다는 정반대의 연구 결과를 보고한 논문도 다수 존재한다. 내가 여기서 주장하려는 것은 긍정적인 사고의 효과에 대한 부정이 아니다. 부디 이 점을 오해하지 않기 바란다. 나는 '주체적인 사고를 멈추고 아무런 비판 없이 긍정적인 사고를 지향해서는 안 된다'는 말을 하고 싶은 것이다.

20년 넘게 일선에서 활약하다 2009년 6월 13일 시합 중에 불의의 사고로 타계한 일본 최고의 프로레슬러 고(故) 미사와 미쓰하루 선수가 대표적인 예다. 그는 생전에 한 인터뷰에서 목표를 세우는 일에 대한 자신의 의견을 밝혔다. 그 발언의 취지를 내 나름대로 요약하자면 다음과 같다.

'목표 자체에 사로잡히면 그 이상의 지점에 도달할 수 없다. 목표를 정하지 않고, 매일 자신이 할 수 있는 일에 최선을 다하면 어느샌가 더 높은 곳에 도달해 있을지도 모른다.'

이 말이 다음 세대를 이어나갈 젊은이들 가운데 누군가의 가슴을 강하게 울릴 수만 있다면 이 책을 집필한 보람을 느낄 것이다. 전력을 다한 미사와 선수의 인생 그리고 최선을 다하는 중에 일어난 사고사. 이는 인간이 잊어서는 안 될 중요한 교훈이다.

앞서 이야기한 '이루는 것 없이 즐겁게만 사는 것'의 정반대 지점에 미사와 선수가 있다. 물론 더 오래 살아 여유로운 노년을 보내는 것이 원래 그가 누렸어야 할 인생인지도 모른다. 그러나 목표를 정하지 않고 매일 전력을 다해 살겠다는 그의 신념은 한번쯤 생각해 볼 가치가 있다.

생존에 꼭 필요한 부정적인 사고

심리학자 토드 카쉬댄(Todd Kashdan) 등이 집필한《부정적 사고의 긍정적 측면The Upside of Your Dark Side》에는 부정적 사고가 매력적이라는 과학적 주장에 대한 다양한 사례가 나온다.

이 책에서는 평소 자신감 넘치는 교사보다 자신감이 없는 (부정적 사고를 가진 예) 교사가 수업 준비를 더 꼼꼼히 하고 다수의 의견을 경청하기 때문에 학생들의 만족도가 더 높다는 사실이 증명되었다고 말한다.

또 적극적으로 행복을 추구하며 생활하면 실제로 인생에 행복한 일이 생겼을 때 그에 대한 만족도가 떨어진다는 흥미로운 반론도 소개되어 있다. 즉 부정적으로 살아온 사람은 예기치 못한 행복을 마주쳤을 때 긍정적으로 살아온 사람보다 더 큰 행복감을 느낀다는 것이다. 게다가 '행복감이 강한 피험자는 거짓말을 간파하는 능력이 떨어진다'는 사실을 증명한 연구 결과도 있다.

한마디로 정리하자면 긍정적인 사고에도 함정이 존재하며, 결코 만능은 아니라는 것이다. 이와 마찬가지로 배제해야 하는 것으로 간주되는 부정적인 사고에도 역시 장점이 존재한다. 애초에 우리 인간에게 부정적인 사고를 하는 능력이 갖추어진 이유는 무엇일까?

답은 매우 간단하다. 인류의 진화 과정에서 부정적인 사고가 생존에 중요하게 작용했기 때문이다. 독버섯을 먹고 날이 난 우리 선조는 독버섯을 볼 때마다 꺼림칙한(부정적인) 기분이 들었을 것이다. 즉 부정적인 감정으로 인해 독버섯을 먹지 않고 목숨을 보존할 수 있었다.

반대로 맛있다는 감정은 긍정적인 것으로, 인간은 이러한 감정을 추구함으로써 영양가가 높은 음식을 섭취할 수 있었다. 즉 긍정적인 감정은 이를 반복적으로 추구함으로써 생존에 유리하게 작용하고, 부정적인 감정은 이를 피함으로써 생존에 유리하게 작용하는 것이다.

개를 기르는 사람이라면 알겠지만 개는 주인이 칭찬하고 예뻐해 주면 그 행동을 반복한다. 반대로 혼을 내고 싫어하면 같은 행동을 하지 않게 된다. 그렇기 때문에 개를 훈육하는 방법은 비교적 간단하다. 칭찬과 훈육을 적절하게 분배하면 된다.

인간도 이와 마찬가지로 긍정적인 감정과 부정적인 감정이 공존하기 때문에 생존할 수 있다. 긍정과 부정은 인생이 원만하게 굴러가도록 하는 양 바퀴와 같은 것으로, 어느 것 하나 없어서는 안 된다.

슬픔 같은 부정적인 감정의 장점에 대해 설명하고 싶은 부분이 있다. 2015년 여름, 픽사에서 〈인사이드 아웃〉이라는 흥미로운 애니메이션을 선보였다. 초등학생 소녀의 머릿속에 살고 있는 기쁨이, 슬픔이, 버럭이 등 다섯 감정이 소녀의 행동을 결정하면서 기억을 적절히 관리하고 보존한다는 줄거리다.

등장 인물 중 하나인 슬픔이는 항상 다른 감정의 발목을 잡기만 한다. 늘 우물쭈물하고 부정적인 결과를 걱정하고, 소녀의 소중한 기억을 퇴색시켜 버릴 만한 실패를 반복한다. 그래서 긍정적인 사고를 대표하는 기쁨이에게 자꾸만 제지를 받는다.

이런 상황 속에 소녀는 전학을 계기로 점점 부정적으로 변해 간다. 소중했던 추억이 점점 퇴색되어 버리고 마음속 세상이 무너져 간다. 기쁨이와 다른 감정들은 어떻게든 다시 소녀가 기운을 차리도록 애를 쓰지만 온갖 방법을 동원해도 소용이 없다.

이때 지금까지 방해만 되었던 슬픔이가 나서서 "슬픈 일은 슬프다고 받아들이고 그냥 울어. 엄마, 아빠와 함께 울자"라고 말해준다. 그러자 소녀의 마음이 다시 조금씩 밝고 멋진 모습을 되찾게 된다.

〈인사이드 아웃〉은 비록 허구의 이야기지만 긍정적인 사고에만 치우친 인생은 오히려 따분할 뿐이며 슬픈 일이 있을 때 마음껏 슬퍼하고 누군가에게 기대어 울 수 있는 사람이 훨씬 행복하다는 사실을 알려 준다. 부정적인 감정이나 부정적인 사고에도 중요한 이점이 있는 것이다.

약점을 무기로 삼아라

여기까지 읽은 독자들, 그중에서도 특히 젊은이들은 '긍정이든 부정이든 뭔가를 이루려면 어떻게 해야 할까?'라는 의문이 들 수 있다. 뭔가를 성취하는 수준까지는 아니어도 창의적으로 살려면 어떻게 해야 할까? '그 밖의 많은 사람들'에 속하지 않고 나만의 인생을 살아가는 방법은 무엇일까?

나이에 상관없이 사람이라면 누구나 좀 더 나은 인생을 살기 위해 특별한 자신을 찾고 싶을 것이다. 그렇다면 좀 더 나은 나는 어디에 있을까? 내가 가진 강점 속에 있을까?

답은 '아니요'다. 심리학에서는 특별한 자신이란 오히려 핸디캡, 즉 자신의 약점 안에 있다고 본다. 즉 내가 가진 강점보다는 '내가 할 수 없는 일은 무엇일까?'를 스스로에게 끊임없이 묻다 보면 무엇이 나다운 것인지 알아차릴 수 있을지 모른다. 이 점에 대해 다음과 같이 정리하려 한다.

우선 창의적인 삶, 창의적인 일이란 과연 무엇인지 생각해 보자. 업무상의 이유로 흔히 창의적인 직업이라 불리는 영상 크리에이터나 광고업계의 사람들과 이야기를 나눌 기회가 많다. 그들 가운데 자신을 창의적이라고 생각하는 사람은 많지 않다. 오히려 자신이 할 수 있는 일을 그저 평범히 할 뿐이라고 말하는 사람이 더 많다.

창의적인 직업 중 하나로 화가도 있다. 그들은 자신만의 눈으로 세상을 해석하고, 새로운 가치관을 대중에게 제안한다. 화가 같은 예술가들이야말로 누구보다 창의적인 존재여야 할 것이다. 그런데 그런 화가들에게 한 가지 흥미로운 신체적 특징이 있다는 사실이 밝혀졌다. 〈심리과학 Psychological Science〉에 투고된 논문에 의하면 화가들의 '양안입체시'가 일반인에 비해 떨어진다고 한다.

양안입체시란 사물을 3차원 구조로 파악하는 힘을 말한다. 양쪽 눈에 비치는 사물의 상은 좌우가 조금씩 다르다. 이러한 차이를 양안 시차라고 부른다. 그리고 이러한 양안 시차가 존재하기 때문에 인간은 사물을 3차원 구조로 올바르게 파악할 수 있다.

그러나 이 논문에 따르면 화가들은 이러한 3차원 구조를 파악하는 능력이 떨어진다고 한다. 더군다나 얼굴의 중심인 코부터 좌우 검은자위의 위치를 측정한 결과 화가들이 일반인들에 비해 균형적이지 못하고, 특히 검은자위가 안길이(건물이나 지면의 앞쪽에서 뒤끝까지의 길이)를 자각하기 부적당한 위치에 있는 것이 발견되었다. 즉 화가들은 사물을 3차원으로 이해하고 자각하는 능력이 떨어지는 사람들이었던 것이다.

화가들 중에 이러한 사실을 자각하고 있는 사람은 적을 것이다. 그러나 이러한 핸디캡이 오히려 캔버스라는 '2차원상의 세계를 표현하는 능력'을 향상시키는지도 모른다. 약점이 오히려 무기가 되는 것이다.

그 다음으로 개성은 무엇일까? 개성 역시 자신의 약점을 마주함으로써 발견할 수 있을지도 모른다. 나는 내 약점을 알았기 때문에 심리학자가 될 수 있었다. 중·고등학교 시절의 나는 친구를 사귈 수 없을 만큼 어두운 아이였다. 사람들과의 소통에 장애가 있어서 친구가 전혀 생기지 않았다. 이러한 약점을 극복하기 위해 다른 사람의 감정을 지식으로라도 공부하자고 생각했고, 대학에서 심리학을 전공하기로 마음먹었던 것이다. 지금까지 나는 이러한 강한 콤플렉스로 인해 심리학을 공부해 왔다. 그 덕분에 지금은 이렇게 심리학 책을 낼 정도의 전문가가 되었다.

일본 색채학·색채심리학 분야의 최고 권위자로 활약하고 있는 한 선생님은 놀랍게도 정상적인 색각(삼색각)을 가지고 있지 않다. 즉 색각장애자다. 그분은 빨간색이나 녹색을 전혀 다른 색으로 인식한다. 추측해 보건대 그분은 색각장애라는 약점을 오히려 무기로 삼고, 열등감에서 비롯된 열망을 자신의 일에 활용하며 최고의 자리에 오른 것이 아닐까 생각한다.

약점이나 핸디캡은 분명 콤플렉스의 원천이다. 그러나 그와 동시에 열망의 원천이기도 하다. 콤플렉스 탓에 인기가 없는 사람에게는 이를 어떻게든 극복하려는 강렬한 열망이 생겨난다. 이 열망을 자신의 일에 활용하면 된다. 핸디캡이야말로 가장 큰 개성이 된다. 자신이 할 수 없는 일을 명확히 하면 무엇이 자신의 무기이고 열망의 원천인지가 서서히 보이기 시작할 것이다.

유명 프로듀서 쓴쿠 씨는 여성 아이돌 그룹 모닝구 무스메가 사실 콤플렉스로 가득한 집단이었다고 말한다. 그에 따르면 모닝구 무스메는 키가 너무 큰 사람, 반대로 너무 작은 사람, 혹은 하관이 너무 넓은 사람 등 일반 오디션에는 도저히 붙을 수 없는 외모의 소유자들이 모인 집단이었기에 오히려 선풍을 일으킬 수 있었다고 한다. 즉 그들은 심한 콤플렉스를 갖고 있었기에 '아이돌로 꼭 성공하고 싶다'는 강렬한 열망을 키울 수 있었던 것이다. 결국 핸디캡에서 비롯된 강렬한 열망이 아이돌이 되기에 부족했던 모닝구 무스메를 정상의 자리에 오르게 했다.

'인기 가수'는 목표가 될 수 없다

개성에 대해 좀 더 이야기해보려고 한다. 대학에서 학생들을 가르치고 있는 나는 매해 취업 준비생들을 지도한다. 그런데 학생들마다 자신에게는 이렇다 할 개성이 없다고 한숨을 쉰다. 그럴 때마다 그들에게 가장 큰 약점이야말로 매력이 될 수 있다고 말하지만 내 말뜻이 제대로 전해지지 않을 때가 많다.

나는 학생들에게 '무엇이 되고 싶은가'가 아니라 '무엇을 하고 싶은가'를 명확히 하라고 자주 충고한다. 'to be'가 아니라 'to do'를 중요하게 여기라는 뜻이다. 예를 들어 '대학교수가 되는 것' 자체가 목표여서는 안 된다. 대학교수는 '연구가 즐거워서 하루 종일 연구와 실험만을 반복하는' 사람이 자연스레 이르게 되는 귀결이다. 다른 사람이 말려도,

아무리 싫은 소리를 들어도 쉬지 않고 연구하는 사람. 그런 사람이 결과적으로 대학교수가 될 수 있다.

마찬가지로 '인기 있는 가수가 되는 것'도 목표가 될 수 없다. '노래가 정말 좋아서 누가 말리더라도 매일 노래만 부르다가' 그런 하루하루가 쌓여 언젠가 인기 있는 가수가 되는 것이다.

누가 봐 주지 않더라도, 가정용 비디오카메라를 써서라도 매일 영화를 만드는 사람. 그런 사람이 영화감독이 될 수 있다. 누가 부탁한 것도 아니고, 아무도 들어주거나 평가해 주지 않는데도 매일 작곡을 하는 사람. 그런 사람이 작곡가가 되는 것이다.

어떻게 되고 싶은지가 아니라, 지금 무엇을 하고 싶은지를 생각해야 한다. 지금 하고 싶은 일을 꾸준히 하고 그 결과로서 '무엇이 되었는가'가 따라와야 하는 것이다. 그런 열정을 갖고 움직이는 것이 아니라면, 유감스럽지만 그 분야에 재능이 없는 것이다. 그리고 이런 강렬한 열망을 낳는 것이 바로 자신의 콤플렉스와 약점, 핸디캡일지 모른다.

어떤 일이든 창의성은 필요하다. 육아, 영업, 연구 등 어떤 직업을 택하더라도 좀 더 효율적으로 즐겁게 일하려면 창의적인 아이디어가 필요하다. 인간은 창의적인 사람이 될 수

있는 능력을 타고난다. 이 점을 굳게 믿고 매일 생활의 질을
좀 더 향상시킬 수 있도록 자기 자신과 마주해 보자!

Chapter 5

인간의 잠재의식을
조작할 수 있을까?
─서브리미널 효과

모두가 믿고 있는 서브리미널 효과

서브리미널 효과(subliminal effect)라는 말을 들어본 적이 있을 것이다. 서브리미널 효과란 의식할 수 없는 수준의 미약한 자극을 가해 인간의 잠재의식에 영향을 미치는 것을 말한다. 이로 인해 인간은 무의식중에 감정과 행동의 변화를 일으키게 된다. 이번 장에서는 서브리미널 효과에 대해 생각해보도록 하자.

서브리미널 효과는 상당히 흥미로운 심리학적 주제로 영화나 소설 등 다양한 콘텐츠에 활용되고 있다. 대표적인 예가 서브리미널 컷이다.

서브리미널 컷, 즉 의식하지 못할 만한 찰나의 순간에 영화나 애니메이션에 내용과 관계가 없는 짧은 컷을 삽입하면 비록 이 사실을 알아차리지 못해도 그 장면을 본 사람의 행동이 크게 달라진다는 이야기가 있다.

인간의 잠재의식을 조작할 수 있을까?　　　　　　　　　　: 113

1990년대에 일본에서 큰 인기를 끌었던 애니메이션 〈시티 헌터〉에 제작 스태프가 장난으로 이런 서브리미널 컷을 넣었다가 이를 본 시청자들의 지적이 이어져 사회문제가 된 적이 있다(실제로 방송된 것은 1989년 1월이다).

남자 주인공 사에바 료가 여성 파트너 마키무라 가오리에게 망치로 얻어맞아 머리 위에 별이 맴도는 장면에 당시 세간을 떠들썩하게 했던 신흥종교의 교주 이미지를 몰래 섞은 것이다. 장난으로 벌인 일이었지만 문제가 크게 확대되어 뉴스에도 여러 차례 보도되었다.

여기서 잠시 생각해 보자. 장난으로 벌인 일이 어째서 이렇게까지 큰 문제로 확대되었을까? 언론에서 이 사건을 대대적으로 보도한 것은 당시 대중이 암묵적으로 '서브리미널 컷은 실제로 효과가 있다', '서브리미널 컷은 왠지 무섭다'라고 받아들였기 때문이라고 짐작된다. 서브리미널 컷에 우리의 행동을 변화시키는 힘이 있다고 전 국민이 믿지 않았다면, 그저 한 개인이 장난으로 벌인 일이 이처럼 대대적인 사회문제로 번지지는 않았을 것이다.

즉 서브리미널 컷에는 우리 행동을 변화시킬 수 있는 위험하고 무서운 힘이 있으므로, 이를 모두가 보는 애니메이션에 사용한 것은 윤리에 크게 반하는 행동이라고 판단하여 장난을 친 사람을 단죄한 것이다. 만약 온 국민이 '서브리미 널 컷을 사용하는 건 전혀 효과가 없는 쓸모없는 짓'이라고 믿고 있었더라면 그렇게까지 사회적 이슈가 되지는 않았을 것이다.

그렇다면 이 사건의 전제가 된 '서브리미널 효과'라는 것이 과연 존재할까? 의식하지 못할 정도로 짧은 순간에 제시된 교주의 이미지가 우리를 그 종교에 빠져들게 할 만큼 효과가 있을까?

당시 사회는 서브리미널 효과의 진위를 검토하지 않고, 그저 서브리미널 컷이 윤리 위반이라는 주장만을 반복했다. 이 사건 이후 일본에서는 장난으로라도 서브리미널 컷을 사용할 수 없게 되었으며, 더 이상 유사한 문제가 일어나지 않았다. 이 사건을 통해 사회 전체에 '잘은 몰라도 서브리미널 컷은 무섭고 위험하다'는 공통된 인식이 더욱 확고해진 듯하다.

전 세계를 놀라게 한 사기극

서브리미널 컷에 대한 이야기가 처음 나온 것은 1957년 9월이다. 경제학자로서 광고회사를 운영하고 있던 제임스 비카리(James Vicary)가 어느 날 기자 회견을 열었다.

비카리는 뉴저지 주 포트리에 위치한 영화관에서 〈피크닉〉이라는 영화를 상영하는 중에 5초마다 3,000분의 1초라는 극히 짧은 시간 동안 '팝콘을 먹어라'와 '코카콜라를 마셔라'라는 메시지를 반복적으로 제시했다. 관객은 그 메시지를 알아차리지 못했지만, 그 결과 콜라 매출이 18퍼센트, 팝콘 매출이 58퍼센트나 증가했다고 한다. 즉 서브리미널 컷으로 인간의 행동을 조작할 수 있다는 놀라운 사실을 발표한 것이다.

비카리는 서브리미널 컷이 새로운 광고·홍보 수단으로 상용 가능하며, 자신의 회사가 이 기법을 세계 최초로 실행할 수 있다고 선전했다. 비카리가 의도한 대로 사람들은 이 발표에 크게 놀랐으며, 전 세계가 서브리미널 컷의 효과에 강한 인상을 받았다. 일본도 예외는 아니었다.

서브리미널 컷은 다양한 영상작품의 소재로 사용되었고, 그런 작품들이 전 세계로 퍼져나갔다. 대표적인 예가 형사 콜롬보 시리즈의 〈이중노출Double Exposure〉이다. 이 이야기에서 서브리미널 컷은 살인을 위한 트릭으로 사용되었다. 줄거리는 다음과 같다.

회사를 운영 중인 범인이 회사 홍보용으로 만든 영화의 상영회 중에 한 관람객을 '어떤 방법'을 써서 밖으로 불러내 살해한다. 피해자는 물을 마시러 잠시 자리를 떴다가 그 순간을 노리고 있던 범인에게 살해당한다. 범인은 콜롬보 형사에게 "그(피해자)가 자리를 뜰 것을 내가 사전에 어떻게 알 수 있었겠는가? 그가 물을 마신 건 우연이었다"라며 자신의 무죄를 주장한다.

　콜롬보는 영화가 상영되는 도중에 피해자가 물을 마시러 나갈 것을 범인이 어떻게 알고 있었는지 그리고 그 타이밍을 어떻게 계산할 수 있었는지 고민한다. 그런데 부검을 통해 피해자가 살해당하기 전에 염분이 많은 캐비아를 잔뜩 먹었다는 사실이 드러났다. 즉 범인이 고의적으로 피해자에게 갈증을 일으킬 음식을 먹였을 가능성이 있었다. 그러나 그것만으로는 피해자가 물을 마시러 극장 밖으로 나가게 할 수 없으며, 언제 자리를 뜰지 정확한 타이밍도 알 수 없었다. 추리를 거듭하던 콜롬보는 드디어 범인의 트릭을 알아차렸다. 즉 범인은 영화 안에 '물을 마셔라', '음료수'라고 적힌 서브리미널 컷을 삽입해 놓은 것이다. 서브리미널 컷의 강력한 효과 때문에 피해자는 영화 상영 도중에 물을 마시러 밖으로 나갔고, 범인은 그 틈을 노려 살인을 저지를 수 있었던 것이다.

영화의 재미는 여기서 그치지 않는다. 사실을 눈치챈 콜롬보가 범인과 마찬가지로 서브리미널 컷을 이용해 범인을 궁지로 몰아넣은 것이다. 콜롬보는 살인에 사용된 권총을 서브리미널 컷으로 넣은 영화를 범인에게 보여주었다. 그러자 범인은 불안감에 휩싸여 숨겨둔 권총을 확인하러 가고, 이때 콜롬보가 현장을 덮쳐 범인을 잡는다.

이 영화 역시 당시 국민(미국)이 서브리미널 컷에 얼마나 강한 인상을 받았는지 확인시켜 준다. 형사 콜롬보뿐만 아니라 그 후 다양한 작품에서 서브리미널 효과가 등장했다. 그 작품들에서도 서브리미널 컷은 강력한 효과를 나타내며 인간은 그에 조종당한다는 식으로 일관되게 묘사되었다.

이쯤에서 놀라운 사실을 밝히겠다. 사실 서브리미널 컷은 날조된 이야기였다. 비카리가 1957년에 서브리미널 효과를 발표한 뒤, 그로부터 5년이 지난 1962년에 자신의 말이 거짓이었다고 고백한 것이다. 비카리는 당시 자신이 경영하던 광고회사의 실적 부진으로 고민하다가 회사를 다시 살리기 위해 서브리미널 컷 이야기를 만들어냈다. 회사의 도산을 막으려고 전혀 근거가 없는 가공의 이야기를 마치 사실인 것처럼 발표한 것이다.

대부분의 사람은 비카리가 자백했다는 사실을 모를 것이다. 어째서인지 비카리의 고백은 잘 알려지지 않았고, 오늘날까지 서브리미널은 왠지 무섭다는 인상만 남게 되었다. 서브리미널 컷이라는 흥미로운 소재와 그에 대한 두려움이 너무 큰 나머지, 그 후에 거짓이었음을 고백한 비카리의 이야기가 제대로 전해지지 않은 것이다. 특히 일본에서는 그런 경향이 더 강한 듯하다. 앞으로는 서브리미널 컷과 관련된 콜라와 팝콘 이야기가 완전히 날조된 것이라는 점이 널리 알려졌으면 한다.

출발점 자체가 날조였기 때문에 서브리미널 컷을 두려워하는 현상은 매우 우스워져 버렸다. 서브리미널 컷은 효과가 없다. 그 이야기 자체가 거짓이니까.

실험으로 밝혀진 진실

이것으로 끝난다면 간단하겠지만 사실 이 이야기는 여기서 그치지 않는다. 그 후 비카리의 이야기가 부분적으로는 재현 가능하다는 것을 입증한 심리실험이 진행되었기 때문이다.

캐나다 워털루대학의 에린 스트라한(Erin Strahan) 연구팀이 2002년 〈실험사회심리학저널Journal of Experimental Social Psychology〉에 '비카리는 틀리지 않았으며, 그의 주장은 거짓말에서 비롯된 진실이었다'는 연구 결과를 발표했다.

미리 설명하지만 스트라한 연구팀은 비카리의 이야기가 날조된 것이라는 사실을 잘 알고 있었다. 그런데도 실제로 심리실험을 하자 비카리의 말이 부분적으로 재현 가능했던 것이다.

실험에서는 먼저 대학생 81명을 두 그룹으로 나눈 다음 한쪽에는 실험 전 3시간 동안 일절 음식을 먹지 못하게 하고, 다른 한쪽에는 자유롭게 음식을 먹을 수 있도록 했다. 그 다음 이들에게 목이 얼마나 마른지 1~7점으로 대답하게 했다. 당연히 3시간 동안 금식한 그룹은 점수가 매우 높게 나왔고, 음식을 제한받지 않은 그룹은 점수가 낮게 나타났다.

이 상황에서 피험자들은 컴퓨터 화면에 나오는 단어를 보고 그 단어가 실제로 존재하는 단어인지 혹은 무의미한 철자인지를 최대한 빠르고 정확하게 판단하는 과제에 참여했다. Tennis는 '있음', Yugiiort는 '없음'을 택하는 식이었다.

이때 두 그룹을 다시 각각 둘로 나누고, 절반에게는 갈증을 더 의식하게 하는 단어 thirsty(목마르다), dry(건조하다) 등을 제시했다. 남은 절반의 피험자에게는 서브리미널 컷을 이용해 갈증과 전혀 상관없는 pirate(해적), won(승리했다) 등을 제시했다. 정리하자면 실험자는 피험자들을 목이 마른 그룹과 목이 마르지 않은 그룹으로 절반씩 나눈 다음 각 그룹을 다시 절반씩 나누었다. 그리고 각각 갈증을 유발하는 단어와 그렇지 않은 단어를 서브리미널 컷으로 제시했다. 결과적으로 피험자는 2×2, 4개의 그룹으로 나뉜 셈이다.

과제가 모두 끝난 후 확인해 본 결과 서브리미널 컷을 알아차린 피험자는 한 명도 없었다. 1000분의 1초 정도의 짧은 순간 동안 나타난 데다 피험자들 모두 주요 과제에 집중했기 때문이다.

이렇게 컴퓨터 화면으로 단어를 판단하는 과제를 마친 후 다시 피험자들에게 어떤 음료의 맛을 평가해달라고 했다. 새로 출시된 음료 제품을 마시고 맛에 대한 감상을 이야기하는 작업을 설정한 것이다. 피험자는 이 과제에서 음료를 얼마든지 마실 수 있었다.

사실 연구팀이 이 심리실험을 통해 가장 알고 싶어한 점은 피험자들이 마신 음료의 양이었다. thirsty, dry 같은 단어를 서브리미널 컷으로 제시했을 때 피험자들이 마신 음료의 양이 늘어나지 않을까 생각한 것이다. 결과는 매우 흥미로웠다.

우선 실험 전에 자유롭게 음식을 먹어 딱히 목이 마르지 않았던 피험자 그룹에서는 서브리미널 컷으로 갈증과 관련된 단어를 제시했을 경우와 관련이 없는 단어를 제시했을 경우, 음료를 마신 양이 거의 비슷했다. 반면 실험 전에 3시간 동안 금식을 한 그룹에서는 서브리미널 컷을 통해 '목마름'과 관련된 단어를 제시받은 그룹이 전혀 관련이 없는 단어를 제시받은 그룹보다 음료를 1.5배 이상 마셨다.

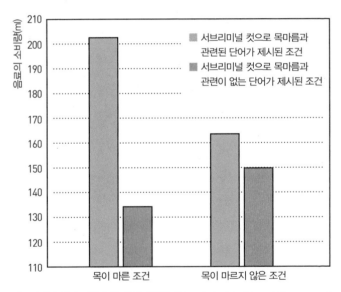

서브리미널 컷과 마신 음료 양의 상관관계.(Erin J. Strahan, Steven J. Spencer, and Mark P. Zanna (2002) Subliminal priming and persuasion: Striking while the iron is hot. Journal of Experimental Social Psychology, 38, 556-568.)

즉 '목이 마르다', '뭔가 마시고 싶다'와 같은 욕구가 있는 경우에 한해 그러한 욕구와 일치하는 서브리미널 컷이 효과를 보였다는 뜻이다. 이로써 형사 콜롬보에 나온 사례에 딱 들어맞는 사실이 과학적으로 증명되었다. 캐비아를 잔뜩 먹어 목이 마를 때는 '물을 마셔라'라는 서브리미널 컷이 효과가 있다는 것을 이 실험이 증명했다. 비카리의 이야기를 '거짓에서 비롯된 진실'로 만들어 버린 것이다.

무의식을 조종해 행동을 변화시키는 방법

스트라한 연구팀은 대학생 90명을 대상으로 앞서 소개한 실험과 거의 동일한 실험을 실시했다. 연구팀은 피험자 중 절반에게 '총 3개의 실험을 실시할 예정이고 마지막 실험에서는 다른 사람과 이야기를 나눈 뒤 의사결정을 하게 된다'고 전달하고, 나머지 절반에게는 '실험은 총 3가지이며, 모두 단독으로 이루어진다'고 전달했다. 즉 나중에 타인과 얽히게 된다는 사실을 미리 가정한 그룹과 타인과 얽히는 일이 없을 거라고 가정한 그룹으로 나눈 것이다.

지시사항을 전달받은 피험자들은 먼저 컴퓨터 화면에 제

시된 단어를 판별하는 과제를 수행했다. 그리고 피험자들이 과제를 수행하는 동안 컴퓨터 화면상에 서브리미널 컷이 제시되었다. 피험자 중 절반에게는 슬픈 표정을 짓고 있는 얼굴(부정적인 감정 조건)이, 나머지 절반에게는 얼굴과 같은 크기의 원 모양(중립적인 감정 조건)이 서브리미널 컷으로 제시되었다.

연구팀은 슬픈 표정을 서브리미널 컷으로 제시하면 이를 본 피험자가 무의식중에 슬픈 기분에 빠질 것이고(인간의 동조성을 이용한 효과), 단순한 원 모양을 서브리미널 컷으로 제시할 경우 아무런 감정 변화가 없을 것이라 가정했다.

그런 다음 피험자들에게 '다음 과제로 두 그룹의 CD를 듣고 그들의 음악을 평가해 달라'고 주문하면서, '두 그룹 중 트위드 멍키라는 그룹은 기분을 밝게 해줄 만한 곡을 쓰는 반면 다른 그룹인 크리스털 해머는 매우 독창적인 곡을 쓴다'는 정보를 함께 제시했다. 그리고 피험자들에게 두 그룹의 CD에 담긴 곡을 전부 듣고 평가하게 했다.

마지막으로 연구팀은 피험자들에게 '두 그룹의 곡들 가운데 마지막으로 일곱 곡만 다시 들을 수 있다. 어떤 곡을 듣겠는가?'라고 물은 뒤, 밝은 느낌을 주는 트위드 멍키의 곡이 몇 번 선택되는지를 기록했다.

연구팀이 세운 가설은 다음과 같다.

'피험자에게 슬픈 표정을 서브리미널 컷으로 제시할 경우 감정이 부정적인 방향으로 기울 것이다. 반면 단순한 원 모양을 서브리미널 컷으로 제시했을 때는 피험자의 감정이 어느 쪽으로도 기울지 않을 것이다. 이때 타인과 협력해서 수행하는 과제를 앞두고 있다고 생각한 피험자는 긍정적인 기분을 유지하고 싶을 것이다. 공동 작업을 할 상대에게 부정적인 모습을 보이고 싶지 않기 때문이다. 반면 세 실험 모두 단독으로 수행한다고 믿는 피험자는 자신의 기분이 긍정적이든 부정적이든 신경 쓰지 않을 것이다.'

앞서 소개한 실험과 마찬가지로 서브리미널 효과가 피험자의 욕구와 일치할 경우에만 나타날 것이라 가정한다면 '슬픈 표정을 서브리미널 컷으로 제시받고, 다음 실험에서 타인과 공동 작업을 할 것이라 믿고 있는 피험자는 무의식중에 자신의 기분을 긍정적으로 만들기 위해 마지막으로 7곡을 고를 때 트위드 멍키의 밝은 곡을 더 많이 선택할 것이다'라는 예측이 가능하다.

결과는 예상한 대로 나타났다. 세 가지 과제를 모두 혼자서 수행한다고 믿고 있던 피험자군에서는 서브리미널 컷으로 슬픈 표정을 제시하든 원을 제시하든 곡을 선택하는 단계에서 트위드 멍키의 밝은 곡을 선택하는 횟수가 모두 3.9회 정도였다. 하지만 다음 실험에서 타인과 함께 과제를 수행해야 한다고 믿고 있던 피험자군에서는 서브리미널 컷으로 원을 제시받은 피험자가 트위드 멍키의 곡을 3.9회 선택한 반면 슬픈 표정을 제시받은 피험자는 4.5회나 선택했다 (통계적 검정 결과, 양측의 차이가 유의미하다는 것이 확인되었다).

피험자가 느낀 무의식적인 심리 변화를 재현해보면 아마 다음과 같을 것이다.

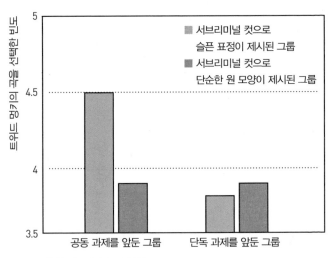

음악을 이용한 서브리미널 컷 실험.(Erin J. Strahan, Steven J. Spencer, and Mark P. Zanna(2002) Subliminal priming and persuasion: Striking while the iron is hot. Journal of Experimental Social Psychology, 38, 556-568.)

'이 실험이 끝난 뒤에 다른 사람과 함께 해야 하는 작업이 있으니까 조금이라도 밝은 기분으로 있고 싶어. 하지만 서브리미널 컷으로 슬픈 표정을 제시받아서 그런지 괜히 기분이 축 처지네(이렇게 기분이 처지는 것을 의식적으로는 알아차리지 못한다). 그래, 밝은 곡을 조금이라도 더 많이 들어서 다시 기분을 좋게 만들자!'

이것이 피험자가 무의식적으로 느끼는 마음의 변화다. 다시 한 번 말하지만 이런 마음의 변화는 단지 무의식중에 일어난 것이다. 즉 완전한 무의식 상태에서 그들의 행동이 변한 것이다. 서브리미널 컷이 무서운 이유가 바로 이것이다.

스트라한 연구팀이 밝혀낸 점을 다시 한 번 정리해 보자.

비카리가 처음에 발표한 서브리미널 컷 이야기는 날조된 것이었다. 그러나 서브리미널 컷으로 제시된 내용이 그것을 보고 있는 인물의 '욕구'와 관련이 있을 때에는 무의식중에 그 사람의 행동을 크게 변화시킨다.

서브리미널 컷으로 특정 브랜드를 잔뜩 사게 할 수도 있다?

이 실험은 2006년 재현하는 데 성공

했다. 앞서 소개한 스트라한 연구팀과 마찬가지로 요한 카레만스(Johan Karremans)가 이끄는 네덜란드 연구팀이 〈실험 사회심리학저널〉에 '비카리의 환상을 뛰어넘다, 브랜드 선택에 대한 무의식적 자극(subliminal priming)의 영향'이라는 논문을 발표했다.

카레만스 연구팀이 실시한 실험은 광고적인 흥미에 더 다가간 것으로, 사람들에게 립톤 홍차를 사게 하려면 어떻게 해야 하는지를 다루고 있다. 이들은 서브리미널 컷을 이용해 특정 브랜드 제품을 더 많이 사게 하는 일이 부분적으로 가능하다는 것을 입증했다.

대학생 61명이 참가한 이 실험에서 피험자들은 컴퓨터 화면상에서 이루어지는 단순반응과제를 수행했다. 화면의 오른쪽이나 왼쪽에 원이 나오면 그에 따라 최대한 신속하게 버튼을 누르는 것이었다.

이 과제를 하는 도중에 불과 23밀리초(1000분의 1초) 동안 화면 중앙에 '립톤 아이스'라는 서브리미널 컷이 광고처럼 들어갔다. 립톤 아이스는 홍차 브랜드인 립톤에서 판매하는 차가운 음료다.

연구팀은 비교를 위한 통제군도 만들었다. 통제군에 참여한 피험자에게는 동일한 영어 폰트를 사용해 아무 의미 없이 나열한 'Npeic Tol'이라는 글자를 서브리미널 컷으로 제시했다.

그 다음 피험자에게 소비자 심리실험이라는 명목으로 '립톤 아이스'와 '슈퍼 로드'라는 미네랄워터 가운데 하나를 마시고 평가해 달라고 요청한 뒤, 두 제품 가운데 어느 쪽 평가 실험에 참가할 것인지 답하게 했다. 그리고 마지막으로 지금 얼마나 목이 마른지를 답하게 했다.

뒷장의 실험 결과를 보자. 질문지에서 '지금은 목이 마르지 않다'고 답한 피험자를 조사해 보니 서브리미널 컷으로 'Lipton Ice'를 제시하든 아무 의미가 없는 'Npeic Tol'을 제시하든 소비자 평가 대상으로 립톤을 선택한 빈도에 아무런 영향을 보이지 않았다. 반면 '지금 목이 마르다'라고 답한 피험자 중에서는 서브리미널 컷으로 'Lipton Ice'를 제시받은 피험자가 무의미한 글자를 제시받은 피험자보다 립톤을 선택한 빈도가 1.5배 정도 증가했다.

즉 목이 마를 때에 한해 립톤이라는 브랜드의 서브리미널 컷이 효과를 나타낸 것으로 드러났다. 피험자의 욕구와 서브리미널 컷의 내용이 대응할 때, 서브리미널 컷은 인간의 행동을 변화시킬 만한 강력한 효과를 나타내는 것이다.

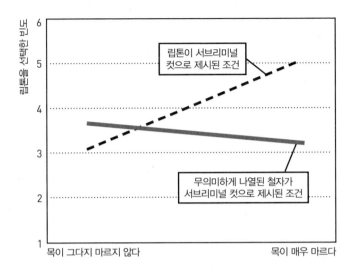

목이 마른 정도와 서브리미널 컷 효과의 상관 관계.(Johan C. Karremans, Wolfgang Stroebe, Jasper Claus (2006) Beyond Vicary's fantasies: The impact of subliminal priming and brand choice. Journal of Experimental Social Psychology, 42, 792-798.)

소금사탕을 이용한 흥미로운 실험

네덜란드의 카레만스 연구팀은 더 흥미로운 실험을 진행했다. 그들은 동일한 실험을 시작하기 전에 소금사탕을 먹게 한 그룹과 아무것도 먹지 않은 그룹을 설정했다. 즉 소금사탕을 이용해 피험자 중 절반에게 강제로 갈증을 유발한 것이다. 만일 소금사탕을 먹은 그룹에서만 서브리미널 컷의 효과가 나타난다면, 역시 인간의 욕구와 일치한 서브리미널 컷만이 효과가 있다는 결론을 도출할 수 있다.

실험 결과는 예상한 대로였다. 소금사탕을 먹지 않아 목이 마르지 않은 그룹의 경우, 서브리미널 컷으로 립톤이 제시되는 조건과 의미 없이 나열한 철자가 제시되는 조건에서 최종 단계에 립톤을 소비자 평가 대상으로 선택하는 확률이 각각 50퍼센트와 30퍼센트로 적은 차이를 보였다.

반면 소금사탕을 먹어서 목이 마른 그룹의 경우 서브리미널 컷으로 의미 없는 단어가 제시된 쪽은 불과 20퍼센트만이 립톤을 선택한 데 반해, 립톤이 제시된 쪽은 무려 80퍼센트 이상이 립톤을 선택했다. 즉 (자신이 가진 욕구와 부합할 경우) 서브리미널 컷이 절대적인 효과를 발휘해 의사결정과 선택이라는 행위를 크게 바꿔 버린 것이다.

서브리미널 컷에는 특정 브랜드의 구매를 크게 변동시킬 수 있는 힘이 있다. 다만 이때 인간의 욕구가 바탕이 되어야만 한다. 즉 배가 고플 때 텔레비전 화면에 '라면'이라는 서브리미널 컷이 나온다면 부엌으로 달려가 예전에 사둔 컵라면을 찾게 될 것이다. 술을 마시고 싶을 때 서브리미널 컷으로 '맥주'가 제시되면 냉장고 문을 열고 와인이 아닌 맥주를 찾게 될 것이다. 이때 만일 특정 상표인 '아사히'나 '기린'

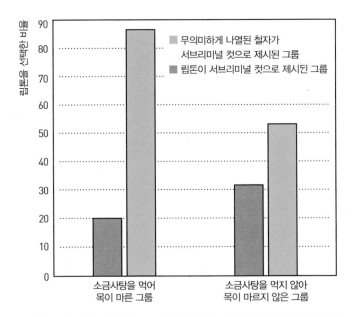

목이 마를 때는 서브리미널 컷으로 립톤이 제시된 조건에서 검은색 막대가 눈에 띄게 증가한다. 즉, 목이 마를 때에 한해 서브리미널 효과가 강하게 나타났음을 보여준다. (Johan C. Karremans, Wolfgang Stroebe, Jasper Claus (2006) Beyond Vicary's fantasies: The impact of subliminal priming and brand choice. Journal of Experimental Social Psychology, 42, 792-798.)

등이 제시되면 특히 그 맥주가 무의식적으로 마시고 싶어질 수 있다.

이번 장에서는 심리학적으로 타당성 있는 연구 논문들을 근거로 서브리미널 컷의 진위에 대해 알아보았다. 현재로서는 서브리미널 컷이 효과가 있다는 잠정적인 결론을 내릴 수 있을 듯하다. 단, 비카리가 처음 발표했던 이야기는 날조된 것이었다는 사실도 반드시 기억해 두기 바란다.

아마 5년 후, 10년 후에도 이 연구를 긍정하거나 부정하는 논문이 끊임없이 나올 것이다. 심리학 전문가인 나조차도 이 부분을 섣불리 단정할 수 없다. 결론을 내리려면 추시를 통해 앞서 소개한 논문 두 편이 앞으로도 재현 가능한지 확인해볼 필요가 있다. 결론을 내리기에 아직 데이터가 부족하다. 이것이 심리학자로서 내릴 수 있는 가장 올바른 판단이라 생각한다.

다만 서브리미널 컷에 대한 심리학적 전말은 그러한 진위의 수상쩍은 면을 포함해 하나의 스토리로서 매우 흥미 있다. 이러한 재미가 여러분에게도 제대로 전달되었기를 바란다.

Chapter 6

혈액형에 따라
성격이 다르다?
—혈액형별 성격 진단

혈액형별 성격 진단의 역사

　　　　　　　심리학자가 된 후 혈액형에 따라 성격이 다르다는 말이 사실이냐는 질문을 끊임없이 받고 있다. 이에 대해 나는 혈액형으로는 결코 성격을 가릴 수 없다고 단호하게 대답한다. 이번 장에서는 이에 대해 자세히 살펴보겠다.

　혈액형 성격 진단이란 혈액형 타입인 A, B, AB, O라는 네 유형별로 어떤 전형적인 성격적 특성이 존재한다는 이야기다. 'A형 중에는 신경질적인 사람이 많다', 'B형은 개성이 강하고 바람둥이가 많다', 'O형은 느긋하고 대범한 성격으로 세세한 일에 신경을 쓰지 않는다', 'AB형은 비밀이 많다'라는 식이다.

　하지만 이를 입증할 만한 근거가 있을까? 과연 이것이 과학적으로 증명된 이야기일까? 아마 대부분은 '자세히는 모르지만 왠지 증명되어 있을 것 같은데?'라고 생각할 것이다.

결론부터 말하자면 혈액형별 성격 진단을 뒷받침할 만한 과학적인 데이터는 없으며, 이는 전혀 근거가 없는 사이비 과학이다. 이러한 결론에 놀라는 독자도 있을 것이다. 많은 사람이 이런 엉터리 이론을 과학적 진실인 양 믿고 있기 때문이다. 일상 곳곳에서 회자되면서도 그 올바른 모습은 제대로 알려지지 않은 심리학의 신기한 측면이 여기서도 여실히 드러나 있다.

왜 사람들은 과학적인 근거가 전혀 없는 혈액형별 성격 진단을 믿는 걸까? 이를 제대로 이해하려면 그 역사를 살펴볼 필요가 있다.

혈액형별 성격 진단은 1927년 심리학자 후루카와 다케지(古川竹二)가 발표한 논문이 발단이었다. 후루카와는 일본 심리학 학술지 〈심리학 연구〉에 '혈액형별 기질 연구'라는 논문을 발표했다.

그러나 이 논문을 실제로 읽어보면 도저히 과학적이라고 할 수 없는 수준이다. 대부분의 고찰이 필자의 주관적인 생각과 경험을 바탕으로 하고 있으며, 제대로 된 근거를 찾을 수 없다. 주장을 밑받침할 통계는 전혀 없고 편견에 가까운 내용을 줄줄이 나열해 놓았을 뿐이다.

이 논문은 발표되자마자 과학적 근거가 없다는 이유로 대다수의 학자로부터 비판을 받았다. 심지어 일본법의학회는 1933년에 이 논문을 정식으로 부정하는 선언문을 발표했을 정도다.

2차 세계대전이 일어나기 전이라고는 하나 이처럼 비과학적인 편견을 '과학'의 체재, 즉 논문으로 발표해 버렸다는 점에서 그는 정말 큰 죄를 지은 셈이다. 그 후 100년에 걸쳐 혈액형별 성격 진단이라는 잘못된 믿음이 이어져왔기 때문이다.

2차 세계대전이 끝난 후 혈액형별 성격 진단 열풍에 불을 붙이는 데 결정적인 역할을 한 것은 일본의 문필가 노미 마사히코가 쓴《혈액형으로 알 수 있는 궁합》이다. 이 책이 베스트셀러가 되면서 많은 일본인이 혈액형과 성격 사이에 어떠한 관계가 있다고 생각하게 되었다. 저자는 이 책에서 정치가 등 각 직업별로 혈액형의 분포 비율을 산정하고, 혈액형별로 성격이 규정되어 있다는 주장을 펼친다.

그러나 그의 주장 역시 후루카와의 주장과 다를 바 없는 수준으로, 통계 자료를 수학적으로 올바르게 분석한 것이 아니라 그저 자신의 편견을 기술한 사이비 과학에 불과했다. 그럼에도 불구하고 이 책은 큰 인기를 끌었고, 일본에서는 그 후로도 몇 년에 한 번씩 주기적으로 혈액형별 성격 진단이 유행하게 되었다.

나라마다 다른 혈액형 비율

사견이지만 일본인은 A형, B형, AB형, O형의 분포가 균일한 편이다. A형이 가장 많지만 AB형과 B형도 적지 않다. 또 O형도 상당한 비율을 차지하고 있다. 구체적으로는 A형이 40퍼센트, B형이 20퍼센트, O형이 30퍼센트, AB형이 10퍼센트 정도다. 이처럼 네 유형의 분포도가 비교적 균일하기 때문에 혈액형별 성격 진단이 그만큼 재미있게 느껴지는 것이다. 비교적 적은 B형을 괴짜 취급하며 놀리는 것도 재미있고, 그보다 많은 O형의 성격이 느긋한 편이라고 하면 왠지 그 말이 맞는 것처럼 들린다. 또 다수의 일본인에게 볼 수 있는 '신경질적이다'라는 특징을 일본인 중에 가장 많은 A형에 갖다 붙이는 것도 흥미롭다.

여기서 잠깐 남미의 콜롬비아를 살펴보자. 콜롬비아는 A형이 27퍼센트, B형이 10퍼센트, O형이 61퍼센트, AB형이 2퍼센트를 차지한다. 이래서야 AB형을 만날 수 있는 빈도가 급격히 떨어질 수밖에 없고, O형이 지나치게 많다는 생각이

들 것이다. 그렇기 때문에 콜롬비아에서는 혈액형별 성격 진단이 유행하지 않는 것이고, 아마 앞으로도 유행하지 않을 것이다.

스페인은 어떨까. 스페인은 A형이 46퍼센트, B형이 7퍼센트, O형이 44퍼센트, AB형이 3퍼센트를 차지한다. A형과 O형이 팽팽하게 맞서고 있어 어느 한쪽이 주도권을 잡기 힘들다. 즉 일본처럼 A형이 다른 혈액형들을 웃음거리로 만드는 구조가 나올 수 없다. 그러므로 스페인 역시 혈액형별 성격 진단은 유행하지 않을 것이다.

당신은 혈액형의 분포 비율이 나라별로 이렇게나 차이가 난다는 사실을 알고 있었는가? 대다수의 사람이 이 같은 사실을 잘 모르면서 막연히 혈액형별 성격 진단을 믿는 것은 아닐까? 잘못된 믿음이나 미신은 '무지'에서 비롯된다는 말을 다시 한 번 실감한다.

과학적 연구 vs. 사람들의 맹신

혈액형별 성격 진단의 역사로 다시 돌아가 보자.

때는 바야흐로 1980년대. 마쓰이 유타카(松井豊) 교수는

1980년, 1982년, 1986년, 1988년 총 네 차례의 조사를 통해 총 1만 2,418명의 혈액형과 성격적 특성에 관한 데이터를 수집했다. 그리고 이 데이터를 종합해 1991년에 '혈액형에 따른 성격의 차이에 대한 통계적 검토'라는 제목의 논문을 발표했다. 이 논문은 혈액형과 성격 사이의 인과관계나 상관관계를 전혀 발견하지 못했다고 보고했다.

이렇듯 이미 1980년대에 대규모 조사를 통해 혈액형별 성격 진단이 과학적으로 근거가 없음이 밝혀졌다.

더군다나 심리학계에서는 이를 부정하는 방대한 데이터가 지난 수십 년에 걸쳐 축적되어 왔다. 비록 학술지에 논문의 형태로 실리지는 않았지만, 이와 관련하여 무수히 많은 졸업 논문을 찾아볼 수 있다.

일본 심리학계에서는 '혈액형과 성격의 관계에 대한 논문은 실패한다'는 말이 있다. 과거 40여 년 동안 많은 대학교 4학년생들이 혈액형과 성격의 관련성을 조사했으며, 그 결과 무참하게도 '효과가 없다, 상관관계는 없다'는 비극적인 졸업 논문을 발표해 온 것이다.

일본뿐 아니라 세계 각지에서 이에 대한 부정적인 데이터가 끊임없이 보고되고 있다. 특히 2000년 이후 전 세계적으로 혈액형과 성격 사이에 어떠한 관계가 있을 것이라는 가설이 다시 한 번 제기되었고, 이 역시 크게 부정당하고 있다. 구체적으로는 캐나다, 대만, 오스트레일리아 등에서 대규모 조사를 통해 혈액형과 성격의 상관관계가 부정당했다.

그러나 혈액형별 성격 진단을 부정하는 실험 보고가 잇따른 2000년대에 들어서도 여전히 대중매체에서 혈액형과 성격의 관계를 나타내는 사이비 과학이 판을 치고 있다.

2004년에도 〈발굴! 아루아루 대사전 2〉라는 프로그램에서 혈액형별로 성격이 다르다는 내용을 대대적으로 방송한 적이 있다. 이 프로그램은 그 후 조작, 데이터 날조 등을 이유로 폐지되고 말았다. 그러나 2004년 당시 이 프로그램에서 다룬 혈액형 특집 방송은 대다수의 시청자들에게 혈액형별 성격 진단이 사실이라는 생각을 심어주었다.

게다가 2007년에는 《B형 자기 설명서》라는 책이 크게 히트했다. 또 2013년에는 〈혈액형군!〉이라는 애니메이션이 인기를 끌었고 2015년 1월부터 시즌 2, 같은 해 10월부터는 시즌 3이 방영되기도 했다. 이처럼 많은 이가 혈액형별 성격 진단에 대한 과학적 경위를 전혀 모른 채 그저 '왠지 맞는 것 같다'고 믿고 있다.

놀라운 일이지만 현재까지도(2015년 시점) 이력서에 혈액형을 적게 하는 기업이 있다고 한다. 유치원에서 반을 나눌 때도 혈액형을 참고하는 곳이 있다는 이야기를 듣는다. 일본에서는 취직하고 싶은 기업은 물론 자녀가 다니는 유치원에서도 혈액형을 묻는 것이다. 이제는 오히려 혈액형별 성격 진단을 믿지 말라고 이야기하는 것이 무리라는 생각마저 든다.

객관적인 데이터로는 인간의 신념을 바꿀 수 없다

일본에서는 심리학자가 일반인들에게 혈액형에 대해 이야기하는 것을 꺼리는 경향이 있는 것 같다. 혈액형별 성격 진단을 믿는 사람들의 태도가 워낙 완강하기 때문이다. 한번 갖게 된 신념이 얼마나 확고한지에 대해 얼마 전 내가 겪은 일을 예로 들어 보겠다.

2015년 일본시리즈에서 소프트뱅크 호크스가 압도적인 실력으로 우승했다. 퍼시픽리그(일본 프로 야구의 상위 리그 가운데 하나-역주) 사상 최단 기간에 우승을 확정한 것으로, 59년 만에 한 시즌 90승을 달성하며 역대 최강의 기록을 달성했다. 데이터만 보더라도 얼마나 압도적이었는지 알 수 있을 정도다.

그러던 어느 날 나는 친구를 만나 "올해 호크스는 너무 강해. 역대 최강이야"라고 말했다. 그러자 평소 온화하고 상냥한 친구가 "2003년이 더 강했던 것 같은데. 개인 타이틀도 모두 휩쓸었고, 100타점을 기록한 선수가 네 명이나 나왔잖아"라고 반박했다. 그 후 나와 친구는 끝없이 논쟁했고 결국 화해도 못 하고 헤어졌다.

사실, 관점에 따라 2003년이 최강이었다고 할 수도 있고 2015년이 최강이라고 할 수도 있었다. 팀이 얼마나 강한가는 어디까지나 주관적인 의견이므로 애초에 정답이 없다. 무엇에 더 가치를 두는가에 따라 해석이 달라지는 것이다. 그러므로 내가 애초에 2015년이 최강이라고 밀어붙인 것 자체가 잘못이었다. 이치에 맞지 않는 독선적인 행동이었고, 친구에게 미안할 따름이다.

2003년 최강설을 굳게 믿는 사람과 2015년 최강설을 굳게 믿는 사람은 모두 자신이 옳다고 확신하기 때문에 서로의 의견이 충돌했을 때 자신의 생각을 결코 논리적으로 정리하지 못한다.

혈액형별 성격 진단을 부정할 때도 이와 비슷한 일이 일어난다. 혈액형별 성격 진단을 믿는 사람은 아무리 객관적인 데이터를 보여줘도 그 데이터를 믿지 않는다. 혈액형별 성격 진단에 대한 강한 믿음 때문에 상대방의 말을 조금도 들으려 하지 않는 것이다. 그들은 지금까지 겪어 온 '자신의 경험'이라는 편중된 데이터만을 믿으며, 이를 부정하는 의견에는 귀를 막는다.

객관적인 데이터의 존재 여부는 인간의 신념을 바꾸는 힘과 아무 상관이 없다. 인간은 결국 자신이 믿는 것을 지키고 싶어 하며, 심지어 이를 위해 데이터를 왜곡하기까지 한다.

인간이 지닌 이러한 심리적 성질을 전문용어로 '확증 편향(confirmation bias)'이라고 한다. 인간은 객관적·과학적으로 자신의 신념을 바로잡지 못하고, 자신의 믿음과 일치하는 정보(확증)만을 믿으며, 자신의 신념이 항상 올바르다고 착각하는 성질을 지녔다. 그래서 대다수의 심리학자는 혈액형별 성격 진단을 굳게 믿는 사람에게 '그건 틀린 거예요'라고 말하지 않는다. 쓸데없는 논쟁으로 시간과 노력을 낭비하고 싶지 않기 때문이다. 신념을 부정하는 행위는 엄청난 에너지가 필요하며, 마치 종교를 비판할 때처럼 큰 싸움으로 번지게 마련이다.

인간에게 중요한 것은 '객관적·과학적으로 올바른 것이 무엇인가?'가 아니라 '자신이 옳다고 믿는 것은 무엇인가?'이다. 아무리 객관적·과학적으로 옳은 것일지라도 타인의 믿음을 훼손한다면 그것은 무의미하다.

혈액형별 성격 진단을 부정하는 결정적인 논문

그런 구조적 모순 속에서 일본 심리학자는 혈액형별 성격 진단이라는 사이비 과학을 줄곧 방임해 왔다. 슬픈 일이지만 사실이다. 그런데 2014년에 압도적인 데이터 수를 바탕으로 혈액형별 성격 진단을 부정한 논문이 발표되었다. 대다수의 일반인은 그 논문의 존재를 모를 테지만 심리학계에서는 실로 획기적인 사건이었다.

2014년에 그 논문을 발표한 사람은 내 동료인 규슈대학의 나와타 겐고(繩田健悟) 선생이다. 〈심리학 연구〉에 게재된 그의 논문은 '혈액형과 성격의 무관련성; 일본과 미국의 대규모 사회조사를 이용한 실증적 논거'라는 제목으로, 제목만 보더라도 혈액형별 성격 진단을 부정할 '결정적인 무언가'가 있을 거라는 예측을 하게 한다.

나와타 선생은 2000년 이후의 혈액형과 성격에 대한 데이터를 일본과 미국에서 최대한 많이 수집한 다음 또 다른 기준에 따라 이를 새로 분석했다.

일본 관련 데이터는 2004년도에 2,987개의 샘플을 대상으로 실시한 조사와 2005년에 3,763개의 샘플을 대상으로 실시한 조사에서 수집했고, 미국 관련 데이터는 2004년에

4,979개의 샘플을 대상으로 실시한 조사 데이터를 사용했다. 나와타 선생은 일본과 미국을 대상으로 총 1만 건 이상의 데이터를 수집하는 데 성공했으며, 이 데이터를 새롭게 분석했다.

이 데이터는 성격과 관련된 다양한 질문에 '매우 잘 들어 맞는다'를 5점, '전혀 들어맞지 않는다'를 1점으로 점수를 매겨 답변하는 형식이었다. 구체적인 질문 내용은 '노후가 걱정된다', '주위 사람들과 비슷한 행동을 하면 안심이 된다', '즐거움은 나중으로 미뤄두고 싶다', '일상생활에서 충족감을 느낀다' 등이었다. 예를 들어 걱정이 많은 성격의 소유자라면 노후가 걱정되고, 주위와 비슷한 행동을 해야만 안심이 되며, 즐거움은 나중으로 미뤄두겠다는 답변을 할 것이라 예상할 수 있다.

데이터를 분석한 결과, 혈액형별로 답변 점수에 유의미한 차이가 발생할 만큼 상이한 경향은 전혀 나타나지 않았다.

여기에서 잠깐 '유의미한 차이'에 대해 간단히 설명하고 넘어가자. 예를 들어 '노후가 걱정된다'는 질문에 대한 점수의 평균치를 혈액형별로 산출한다고 가정해 보자. 이때 A형의 평균 점수가 3.2점, B형의 평균 점수가 3.5점으로 나왔다고 하자(여기서 언급한 점수는 가상의 점수다). 나와타 선생은 이

0.3점의 차이가 우연히 발생한 차이인지 아니면 유의미한 차이인지에 대해 통계분석을 실시했고, 거의 모든 항목에서 유의미한 차이가 확인되지 않았음을 증명한 것이다.

분석을 반복 실시하면 우연히 통계 수치가 유의미한 차이를 나타낼 때가 있다. 가령 통계분석을 100번 반복하면 몇 번 정도는 우연히 무의미한 차이를 유의미한 차이로 잘못 판정해 버릴 위험이 있다.

정확히 말하면 나와타 선생이 실시한 분석에서도 모든 항목에서 혈액형과의 상관관계가 완전히 없었던 것은 아니다. 그러나 일관적으로 반복해서 재현할 수 있는 유의미한 차이는 한 번도 발생하지 않았다. A형이 다른 혈액형에 비해 신경질적인 경우도 없었고, O형이 느긋하고 대범한 것도 아니었다. B형이 특이한 성격을 지녔다는 것 또한 완전히 부정당했다.

나와타 선생은 더 나아가 우연히 유의미한 차이를 보인 몇몇 항목을 혈액형과 관련지어 억지로 설명했을 경우, 분석된 결과가 실제 표본을 몇 퍼센트 정도 설명할 수 있는지도 통계기법을 사용해서 답변하는 시도를 했다. 그 결과 혈액형에서 얻은 정보가 해당 성격을 설명할 수 있는 비율은 불과 0.3퍼센트에도 미치지 못했다. 즉 혈액형과 성격은 완전히 무관한 것이었다(일반 독자를 위해 통계와 관련된 이야기를 이해하기 쉽도록 매우 간단하게 풀어썼다. 그 과정에서 표현의 정확성이 떨어졌다는 점을 전문가분들께서 부디 이해해 주시길 바란다).

조금 어려운 통계 이야기를 하자면 이런 조사에서는 일반적으로 샘플 수가 클수록 관련성을 찾아내기 쉽다. 만약 정말로 혈액형과 성격에 어떤 인과관계가 존재한다면 100명을 조사하는 것보다 1만 명을 조사하는 편이 당연히 더 정확한 관련성을 찾아낼 수 있다.

나와타 선생은 논문에서 1만 명이라는 엄청난 수의 샘플을 활용했다. 그럼에도 불구하고 혈액형 간에 변별성을 발견하지 못했으므로, 혈액형은 성격에 전혀 영향을 끼치지 않는다고 강력하게 주장할 수 있었을 것이다. 그의 논문은 혈액형별 성격 진단을 부정하는 이론의 결정판이라고 볼 수 있다.

여담이지만 나와타 선생은 발상 자체는 매우 유연하지만 연구에 대해서만큼은 무척 엄격한 태도를 보이는 훌륭한 심리학자다(혈액형 논문뿐만 아니라 나와타 선생이 발표한 다른 논문들 역시 매우 독특하고 흥미롭다).

'흰색 까마귀는 없다'는 명제는 증명할 수 없다

　　　　　　　　　　　　　　　　　과학에서는 효
과가 없다는 점을 증명할 수 없다. 존재가 없다는 것을 증명
할 수 없는 것이다.

　예를 들어 '흰색 까마귀는 없다'라는 명제는 증명이 불가
능하다. 진 세계에 살고 있는 모든 까마귀를 확인할 수 없
기 때문이다. 또한 현존하는 까마귀 중에 흰색 까마귀가 없
다는 것을 증명했다 하더라도 무한한 미래에 흰색 까마귀가
태어나지 않을 것이라는 사실은 증명할 수 없다. 마찬가지
로 과거 어딘가에 흰색 까마귀가 살지 않았다는 점도 증명
할 수 없다. 같은 이유로 '혈액형과 성격 사이에 인과관계가
없다'는 것 또한 증명할 수 없는 것이다.

　과학에서 할 수 있는 것은 현재 수집 가능한 최대한의 데
이터상으로는 혈액형과 성격 사이에 어떠한 인과관계가 존
재하지 않는다는 점을 '잠정적으로' 증명하는 것뿐이다.

　데이터를 10만 건 혹은 100만 건 수집하면 새로운 인과관
계를 발견할 수 있을지 모르고, 혹시 이제는 손에 넣을 수 없
는 과거 데이터 중에 인과관계가 성립한 것이 있었을지 모
른다. 10년 후에 동일한 실험을 실시했을 때 지금과 마찬가
지로 부정적인 결과를 얻을 수 있을 것이란 확증 또한 할 수

없다. 이러한 과학의 특성상 혈액형별 성격 진단이 완전히 부정당하는 일은 영원히 없을 것이다. 이 또한 혈액형별 성격 진단에 대한 맹신이 사라지지 않는 이유다.

다다모 박사의 '혈액형별 다이어트법'

이번 장을 쓰기 전에 혈액형별 성격 진단에 관한 다양한 기사와 논문을 훑어보았다. 그러던 중 요즘 인터넷상에서 혈액형별 성격 진단이 다시 화제가 되고 있다는 사실을 발견했다. 미국의 과학자 겸 의사인 피터 다다모(Peter D'Adamo) 박사가 '혈액형별 다이어트법'을 주장한 것이 시초가 된 듯하다.

다다모 박사의 말에 따르면 혈액형마다 면역계의 구성이 다르기 때문에, 혈액형별 특성에 맞춰 적절한 식이요법을 실시하면 자연스럽게 살이 빠진다고 한다. 혈액형은 신체 구성을 근본부터 바꾸는 중요한 차이를 만들기 때문에, 혈액형별로 다이어트법이 달라야 한다는 것이 그의 주장이다. 다다모 박사는 몇몇 논문을 실제로 집필했으며, 이러한 논문을 통해 혈액형에 따라 면역계의 작용이 변화한다고 주장하고 있다.

다다모 박사의 논문을 읽은 후 솔직히 놀랐다. 혈액형별 성격 진단의 새로운 시대가 열리는 것인가 하는 생각마저 들었다. 심리학자인 나조차 그런 생각이 들었으니 일반인이 그의 주장을 맹신해 버릴 가능성은 매우 높을 것이다.

하지만 다다모 박사의 주장이 정말 사실일까? 과학적으로 혈액형별 성격 진단에 대한 새로운 가능성이 열린 것일까?

유감스럽게도 그 답은 '아니요'인 듯하다. 다다모 박사의 주장과 그가 쓴 논문에 대해 몇몇 과학자들이 과학적인 근거가 없다고 비판하고 나선 것이다.

레일라 쿠삭(Leila Cusack)의 연구팀은 2013년에 〈미국 임상영양저널The American Journal of Clinical Nutrition〉에 '혈액형별 다이어트법에는 과학적 증거가 결여되어 있다'는 논문을 발표했다.

과학 분야의 전문가라면 일련의 과정을 확인한 뒤 다다모 박사의 주장이 수상하다는 점을 깨달을 수 있을 것이다. 그러나 일반인은 그렇지 못하다.

만일 그가 펼친 주장의 신빙성에 관한 논쟁 과정을 알고 싶다면 영어판 위키피디아에서 다다모 박사와 혈액형별 다이어트에 관한 항목을 읽어보기 바란다(어디까지나 참고자료 정도로 생각하기 바라지만). 지금까지 그의 주장에 어떤 반론이 등장했고 그 논문들이 어느 학술지에 실렸는지 쉽게 찾아볼 수 있다.

다다모 박사의 주장을 완전히 부정하려면 앞으로 과학계에서 좀 더 시간을 들여 그의 논리를 곱씹어 볼 필요가 있다. 지금 여기에서 다다모 박사는 사기꾼이라고 선언하는 것은 시기상조다. 그러나 혈액형별 성격 진단을 다뤄 온 심리학의 역사와 다다모 박사의 주장을 부정하는 논문을 자세히 살펴본 결과, 역시 다다모 박사에게 물음표를 던질 수밖에 없다는 것이 내 개인적인 견해다.

돈이 되는 혈액형별 성격 진단

이처럼 혈액형별 성격 진단은 일본에서 몇 년 주기로 유행하고 있다. 게다가 혈액형과 성격 사이에 아무런 인과관계가 존재하지 않는다는 것을 원칙적으로 증명할 수 없으므로 혈액형별 성격 진단을 부정하는 발언은 늘 모호함을 남긴다. 다다모 박사가 주장한 혈액형별 다이어트법 또한 이 책에서는 명확히 부정할 수 없다. 이러한 모호함 탓에 '혹시 정말 혈액형에는 뭔가가 있는 거 아니야?'라는 의심을 불식할 수 없다. 10년 뒤에 다다모 박사의 뒤를 이어 새로운 모습을 한 혈액형별 성격 진단이 불사조처럼 다시 나타날지도 모른다.

심리학자들은 혈액형별 성격 진단이 거짓이라고 생각하지만, 그렇다고 해서 그들 모두가 이러한 세간의 인식을 바로잡으려고 노력하지는 않는다. 나 역시 그동안 개인적으로 아무런 노력을 하지 않았다. 어떤 신념에 대해 부정적인 의견을 밝힐 때는 어려움과 번거로움이 따르기 때문이다. 심리학자의 이런 태도와 재미로라도 혈액형별 성격 진단을 믿고 싶어하는 일반인의 태도가 변하지 않는 이상 10년 후, 어쩌면 100년 후에도 혈액형별 성격 진단이 유행할 것이다.

재미 삼아 점을 보는 수준이라면 혈액형별 성격 진단을 내버려 두어도 큰 문제가 없을 것이다. 이를 맹신해 인생을 헛되게 보내는 사람은 없을 테니 말이다. 그러나 입사면접을 보거나 유치원에서 반을 배정받을 때 혈액형에 대한 잘못된 생각이 심각한 차별로 이어질 가능성이 있다. 이를 방관해서는 안 된다. 심리학자로서 방관할 수 없는 사태다. 나는 이제부터라도 혈액형별 성격 진단이 사이비 과학임을 강하게 주장할 생각이다.

마지막으로 혈액형별 성격 진단이 몇 년 주기로 유행하는 원인은 '돈'이 얽혀 있기 때문이라는 점을 지적하고 싶다.

혈액형별 성격 진단은 돈이 된다. 이와 관련한 책은 늘 그럭저럭 잘 팔리고, 이를 소재로 한 방송 프로그램도 웬만큼 시청률이 나온다. 이러한 상업성이 심리학을 미심쩍은 학문으로 만드는 데 일조한다. 이를 비판하고 심리학이 지닌 과학적 재미를 전달하기 위해서 이번 장에서 다룬 혈액형별 성격 진단은 결코 피할 수 없는 주제였다.

Chapter 7

선두 타자의 파울이
승패에 미치는 영향
–데이터를 부정하는 확증 편향

스포츠 경기에서 '위기의 순간'이 과연 존재할까?

많은 사람이 스포츠에 어떤 '흐름'이 있다고 생각한다. 그러나 이는 잘못된 믿음이다. 이번 장에서는 이에 대해 생각해 보자.

일본의 유명 축구 해설가 마쓰키 야스타로가 중계하는 경기를 보면 "위기의 순간이네요!"라고 말하는 것을 자주 볼 수 있다. 시청자 입장에서는 확실히 '위기의 순간'이라고 불리는 그 순간에 실점이 많은 것처럼 보이기도 한다.

그러나 과연 심리학적으로 그런 특별한 시간대가 따로 존재할까? 즉 운동 경기에 '흐름'이 정말 있을까? 만일 위기의 순간에 특별히 실점이 많다는 사실을 제시할 수 있다면 스포츠에 흐름이 있다는 사실이 증명되지 않을까?

결론적으로 말하자면 운동 경기에서 위기의 순간, 즉 '흐름'이란 없다. 이를 증명하려면 다음과 같이 네 개의 매트릭

스를 설정하고, 각 장면에 해당하는 실점 수를 비교할 필요
가 있다.

위기의 순간에 실점한 장면	위기의 순간에 실점하지 않은 장면
위기의 순간에 실점한 장면	위기의 순간에 실점하지 않은 장면

'위기의 순간'이 존재한다는 것을 증명하기 위한 네 개의 매트릭스

스포츠에 위기의 순간이 있다고 믿는 사람은 아마 좌측 상
단에 위치한 '위기의 순간에 실점한 장면'의 수만 주목할 것
이다. 그러나 심리학적으로는 표에 제시된 네 개의 '발생 가
능한 모든 유형'에 맞춰 실점한 순간과 실점하지 않은 순간
을 산출한 후, 통계라는 수학적 기법—전문적으로는 카이제곱검
정(chi-square test)이라고 한다—을 사용해 좌측 상단에 해당하
는 수가 유의미하게 큰 수치인지 아닌지를 따져 볼 필요가
있다.

즉 모든 일본 대표팀 경기의 실점 장면을 모은 다음 마쓰
키 야스타로가 위기의 순간이라고 말한 장면에서 몇 번 실
점을 했고 몇 번 실점을 하지 않았는지, 반대로 위기의 순간
이라고 언급하지 않은 장면에서 몇 번 실점을 했고 몇 번 실
점을 하지 않았는지 산출해야 한다. 이를 산출해 다음과 같
은 수치를 얻었다고 해보자.

위기의 순간에 실점 20	위기의 순간에 무실점 20
위기가 아닌 순간에 실점 40	위기가 아닌 순간에 무실점 80

앞의 매트릭스에 수치를 추가한 것(수치는 허구로 설정한 것이다)

좌측 상단만 보면 실점 장면이 20개나 되므로 보통 사람
은 '스무 번이나 되잖아! 역시 위험한 시간대에 실점하기 쉬
운 거야'라고 섣불리 결론 내릴 것이다.

그러나 네 경우를 모두 살펴보면 위험하지 않은 시간대에

도 실점을 많이 보이고 있고, 위험한 시간대에 실점을 하지 않은 장면 또한 많은 것을 알 수 있다. 이러한 데이터(내가 상상해서 만든 허구의 데이터지만)를 꼼꼼하게 살펴보면 좌측 상단의 20이라는 수치만 단독으로 보는 것은 아무 의미가 없다는 사실을 알 수 있다.

인간에게는 자신이 굳게 믿고 있는 방향으로 데이터를 해석하려는 심리적 경향, 즉 편향(bias)이 있다. 심리학에서 이를 '확증 편향'이라고 한다고 앞장에서 이미 소개했다. 표에 나온 네 가지 상황을 자세히 조사하려면 머리를 많이 써야 할 뿐만 아니라 시간도 오래 걸린다. 하지만 인간은 이런 비용을 지불하고 싶어 하지 않는다. 오히려 좌측 상단의 경우에만 집중해 자신의 잘못된 믿음을 굳건히 하려는 태도를 취해버린다.

더군다나 좌측 상단의 경우가 가장 기억하기 쉽다는 점도 유념하기 바란다. 위험한 시간대에 실제로 실점을 하면 '아이고, 그럴 줄 알았어!' 하고 크게 실망해 버리므로 더 기억에 남는다. 반면 경기가 시작된 직후처럼 특별히 주의를 기울이지 않은 순간에 갑자기 실점할 경우, 즉 위험하지 않은 시간대에 생긴 실점은 사전에 주의해서 보지 않기 때문에 기억에 잘 남지 않는다. 즉 위기의 순간에 실점한 경우만 실제 수치보다 더 많게 느껴지는 착각, 오기억(false memory)이 발생하는 것이다.

여기에 하나 더 생각해야 할 문제가 있다. 내가 가상의 데이터로 설명한 '위험한 순간에 실점하지 않는다'는 것은 마쓰키 야스타로의 말을 완전히 부정할 수 있는 데이터다. 이는 전문용어로 '반증(反證)'에 해당하는데, 이 경우에 '선수가 정말 애써 줬어요!', '위험한 시간대였지만 잘 버텨 주었어요!'라는 말을 덧붙이면 마치 '원래 실점할 만한 위험한 시간대가 존재했지만, 선수의 노력으로 극복했다'는 인상이 생긴다. 이로써 위험한 시간대의 실재는 영원히 부정당하지 않으며, 더 이상 과학적인 분석이 들어갈 여지가 없어져 버린다. 더군다나 중계현장에서 다음과 같은 대화가 나올리는 없지 않은가.

마쓰키 야스타로 : 위험한 시간대에 역시 실점을 해 버렸네요.
아나운서 : 마쓰키 씨, 하지만 위험하지 않은 시간대에도 실점은 많이 나오지 않습니까?

마쓰키 야스타로 : 위험한 시간대였지만 잘 버텨 주었네요.
아나운서 : 마쓰키 씨, 지금이 정말 위험한 시간대였습니까?

시청자들도 스포츠를 보고 있을 때만큼은 감정적이 되고 싶어 하므로, 이처럼 논리학적·심리학적 오류를 지적한다는 것은 흥을 깨는 어리석은 짓이 되고 만다. 나도 그 정도는 알고 있다.

또 다른 변명을 덧붙이자면 내 주장의 근거는 마쓰키 야스타로가 해설한 경기를 실제로 분석한 것이 아니라는 점이다. 내 논리를 전개하려면 네 상황에 해당하는 실제 수치를 분석하는 심리실험이 필요하다. 이 점에 대해서는 솔직히 잘못을 인정한다. 만약 이에 대해 흥미를 느끼는 분이 있다면 꼭 한 번 실제 수치를 계산해 보기 바란다.

'머피의 법칙'이 지닌 심리학적 오류

이와 유사한 구조를 지닌 심리학 관련 이야기 중에 '머피의 법칙'이 있다. 머피의 법칙은 이제 필요 없다고 생각해 서류를 버렸는데 나중에 필요해져서 곤란을 겪는다든가, 꼭 바쁠 때에만 택시가 오지 않는다든가 하는 식의 '누구에게나 흔히 일어날 법한' 난처한 경우를 말한다.

이러한 머피의 법칙이 왜 실제로 존재하는 것처럼 여겨질까? 이 또한 앞서 본 네 개의 매트릭스를 이용해 정확히 이해할 수 있다. 머피의 법칙 역시 야구 경기처럼 모든 상황을 네 개의 매트릭스로 표현할 수 있다. '서두르고 있는가, 그렇지 않은가?' 하는 두 가지 조건과 '택시가 오는가, 오지 않는가?' 하는 두 가지 조건으로 말이다.

보통 사람은 좌측 상단과 같은 상황의 수치만을 '단독적으로' 생각해 '서두를 때에만 꼭 택시가 오지 않는다'는 직관적인 결론을 도출해 버리기 쉽다. 그러나 실제로는 서두르지 않을 때 택시가 오지 않는 경우도 있고, 서두르고 있는데 생각보다 택시가 금방 올 때도 있다. 정말 '서두르고 있을 때에만 꼭 택시가 오지 않는다'는 머피의 법칙이 성립하는지를 알고 싶다면 네 가지 경우의 수를 모두 비교해 봐야만 한다.

하지만 우리는 자신의 믿음에 일치하는 진리, 즉 '서두를 때 꼭 택시가 오지 않는다'는 경우만을 보고 성급히 결론을 내린다. 심한 경우에는 머릿속에 떠오른 한두 사례만으로 '맞아, 그때도 그랬지'라는 식으로 바로 결론을 내려 버릴 수도 있다.

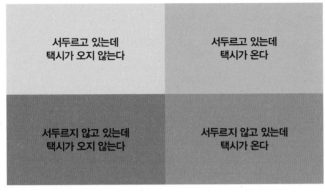

서두르고 있는데 택시가 오지 않는다	서두르고 있는데 택시가 온다
서두르지 않고 있는데 택시가 오지 않는다	서두르지 않고 있는데 택시가 온다

'꼭 서두를 때만 택시가 오지 않는다'는 것을 증명하기 위한 네 개의 매트릭스

앞에서 설명했듯이 위의 네 가지 상황 가운데 가장 기억에 남는 것은 좌측 상단의 경우다. 그 상황이 가장 불쾌하기 때문이다. 반면 다른 세 가지 상황은 딱히 불쾌할 일이 없다. 서두르지 않는다면 택시가 빨리 오든 늦게 오든 크게 상관이 없으므로 불쾌하지 않다. 또 서두르고 있을 때 택시가 금세 오면 오히려 기분이 좋을 것이다.

따라서 가장 불쾌한 좌측 상단의 경우가 다른 세 가지 상황보다 기억에 남기 쉽다. 또한 기억 속에 남은 수치 자체가 실제 수치보다 더 크게 느껴지게 된다. 이러한 착각 때문에 '서두르고 있을 때는 꼭 택시가 바로 오지 않는다'는 머피의 법칙이 성립하는 것처럼 보인다.

다시 설명하지만 머피의 법칙은 네 개의 매트릭스 형태 안에 적용시킬 수 있다. 예를 들어 '서류를 버리면 꼭 나중에 필요한 일이 생긴다'는 머피의 법칙은 다음과 같은 매트릭스로 표현할 수 있다.

서류를 버렸는데 나중에 필요한 일이 생긴다	서류를 버렸는데 나중에 필요한 일이 생기지 않는다
서류를 버리지 않았는데 나중에 필요한 일이 생긴다	서류를 버리지 않았는데 나중에 필요한 일이 생기지 않는다

'서류를 버렸는데 꼭 나중에 필요한 일이 생긴다'는 것을 증명하기 위한 네 개의 매트릭스

좌측 상단의 상황은 불쾌하고 기억에 남기 쉽다. 게다가 좌측 상단과 같은 상황이 실제로 많은지 아닌지는 다른 세 가지 상황과 비교를 해야 증명할 수 있는데도 머릿속으로 다른 세 가지 상황을 검토하는 일은 거의 없다. 아니, 애초에 일반인에게는 네 가지 매트릭스라는 발상 자체가 없다.

인간에게는 '자신이 믿는 것이 옳다'는 것을 증명해주는

정보를 무의식적으로 추구하는 특성, 즉 '확증 편향'이 있다고 앞서 설명한 바 있다.

예를 들어 중·고등학교 시절에 좋아하는 이성이 생기면, 그 상대가 인간적으로 매우 멋진 사람이라는 신념을 갖게 되고 그 신념과 일치하는 사례를 스스로 찾게 된다. 쓰레기를 제대로 버리는지, 밥을 깔끔하게 먹는지 등의 사례를 적극적으로 수집하게 되는 것이다. 그와 동시에 그 사람의 나쁜 점은 예외라고 생각하고 기억 속에서 지워버리려고 하는 경향을 보인다. 그 결과 좋아하는 사람이 나쁜 장난을 치거나 험담하는 장면은 기억에서 삭제된다. 결국 그 상대는 자신의 공상 속에서 점점 더 멋진 사람으로 미화되는 것이다.

어느 브랜드가 다른 브랜드보다 낫다고 굳게 믿고 있는 사람은 그 브랜드의 장점만 보고 단점은 외면한다. 맥 컴퓨터를 좋아하는 사람과 윈도우 컴퓨터를 좋아하는 사람이 서로를 이해하지 못하는 가장 큰 원인이 여기에 있다.

농구 경기에도 '흐름'이 있을까?

또 다른 스포츠 사례를 바탕으로 인간의 잘못된 믿음과 착각에 대해 생각해 보자. 이번에는 농구계에 존재하는 '흐름'에 대해 이야기해 보겠다.

나는 개인적으로 농구를 매우 좋아해 시간이 날 때마다 대학 체육관에 가서 슈팅 연습을 한다. 실력이 늘었으면 하는 마음에 학생들과 일주일에 한 번 정도 간단한 시합도 하고 있다. 학생들과 시합을 하다 보면 우리 같은 아마추어 중에도 '그날의 스타'가 나오곤 한다. "오늘 철수 군이 정말 대단했어!"라든가 "오늘은 영호 군의 독무대인걸?"이라고 말할 만한 상황이 곧잘 생기는 것이다.

이처럼 농구에서 어느 날 '특별히 대활약하는 선수'가 나타나는 것을 미국에서는 '뜨거운 손(hot hand)이 출몰했다'고 말한다. 이에 대응할 만한 표현으로 일본에서는 '흐름을 탄다'는 말을 쓴다.

학생들은 워낙 운동량이 많은 데다 최고의 기량을 발휘할 기회가 많아서 아저씨인 나는 도저히 따라잡기가 힘들다. 내 장점이라고는 중거리 슛밖에 없고 운동량도 적다. 그래서 내가 '뜨거운 손'이 되는 경우는 거의 없다. 하지만 그런 나조차도 '왠지 오늘은 느낌이 좋은데?'라는 생각이 들 때가 있다. 주위에서도 "오늘 세노 선생님 좀 하시는데요?"라는 고마운 말을 건넬 때가 아주 가끔 있다. 농구를 하는 사람이라면 아마 대부분 '뜨거운 손'의 존재를 믿을 거라 생각한다. 나 또한 농구 마니아로서 '뜨거운 손'이 없다면 농구를 꾸준히 좋아하지 못했을 거란 생각마저 든다.

인지심리학의 거장 토머스 길로비치(Thomas Gilovich)와 아모스 트버스키(Amos Tversky)가 1985년에 〈인지심리학Cognitive Psychology〉에 발표한 '농구에서의 뜨거운 손: 무작위적인 연속에 나타난 잘못된 지각(The Hot Hand in Basketball: On the Misperception of Random Sequences)'이라는 논문에 이에 대한 과학적 검증이 나와 있다.

길로비치와 트버스키는 설문조사를 통해, 코넬대학과 스탠퍼드대학에서 농구 경기를 연간 다섯 번 이상 본다고 대답한 학생 중 91퍼센트가 '뜨거운 손은 실제로 존재한다'고 믿고 있다고 밝혔다. 대부분의 농구팬이 그날 경기에서 큰 활약을 펼칠 스타 선수, 즉 '흐름을 타는 선수'가 있다고 믿고 있다는 것이다. 이를 바탕으로 길로비치와 트버스키는 다음과 같은 가설을 생각해냈다.

'만약 농구 경기 중에 정말 뜨거운 손이 존재한다면 슛의 성공이 다음 슛의 성공으로 이어질 것이다. 그렇다면 슛의 재성공률은 슛을 실패한 후의 성공률보다 높을 것이다. 또한 슛을 연속으로 성공시킨 후 이어지는 세 번째 슛의 성공률은 더욱 높아질 것이다.'

이러한 전제 하에 그들은 필라델피아 세븐티식서스라는 프로 농구팀의 1981년도 슛 성공률 데이터를 모두 수집해서 분석했다. 그 결과 매우 흥미로운 점을 알 수 있었다.

먼저 전체적인 슛 성공률은 54퍼센트였다. 그리고 슛을 실패한 후의 슛 성공률은 54퍼센트, 슛을 성공한 후의 슛 성공률은 51퍼센트로 나타났다. 거기에 슛을 연속 실패한 후 세 번째 슛의 성공률은 53퍼센트, 슛을 연속 성공한 후 세 번째 슛의 성공률은 50퍼센트였다. 또한 슛을 3연속 실패한 후 네 번째 슛의 성공률은 56퍼센트, 슛을 3연속 성공한 후 네 번째 슛의 성공률은 46퍼센트였다.

이 수치를 단적으로 설명하면 이렇다.

'슛의 성공은 다음 슛의 성공률을 떨어뜨리고, 슛의 실패는 다음 슛의 성공률을 향상시킨다.'

이러한 효과는 연속적인 성공, 연속적인 실패 후에 더 강하게 나타났다. 즉 실제 데이터는 '뜨거운 손'을 바탕으로 예측한 논리적인 가설과 정반대의 결과를 보였다. 진실은 오히려 '뜨거운 손'보다 '차가운 손'에 가까웠던 것이다. 분석 결과 '흐름을 타는' 현상은 과학적으로는 존재하지 않았으며 우리가 그렇게 느끼는 것은 인간의 인지적 오류, 즉 잘못된 믿음이었음이 밝혀졌다.

농구에서 연속 네 번 슛을 성공시킬 확률

길로비치의 연구팀은 뒤이어 이런 주장을 했다.

보통 사람이라면 동전 던지기 게임(혹은 주사위의 짝수나 홀수로 승부를 정하는 게임)을 해서 계속 앞면만(혹은 홀수만) 연속으로 네 번 나오면 속임수를 쓰는 것이 아닌지 의심한다. 그러나 동전 던지기를 스무 번 했을 때 연속해서 어느 한쪽 면이 네 번 나올 확률은 사실 50퍼센트나 된다.

이와 비슷한 일이 농구 경기에서도 일어난다. 농구 경기에서 슛의 성공률은 대략 50퍼센트로 동전 던지기나 주사위 게임의 확률과 거의 비슷하다고 볼 수 있다. 그러므로 한 경기에서 선수 한 명이 총 20개의 슛을 던질 경우 네 번 연속 성공할 확률은 우연으로 보더라도 50퍼센트나 되는 것이다.

연속으로 네 번 슛을 성공시키면 우리는 그 선수를 '뜨거운 손'이라고 생각하지만, 우연의 범위에서도 충분히 연속적으로 슛을 성공시키는 일이 발생한다. 이처럼 충분히 우연히 일어날 수 있는 일임에도 인간의 뇌는 확률을 정확히 예측할 수 없기 때문에 슛을 연속적으로 성공시킨 것이 그 선수의 뛰어난 능력 덕분이라고 오해해 버리는 것이다. 이것이 '뜨거운 손'이 지닌 오해의 정체다.

하지만 '흐름을 탄다'는 현상을 무작정 믿고 있는 농구팬은 네 번 연속 슛을 성공시키는 모습을 보며 자신의 믿음이 역시 옳다고 착각해 버린다. 확률에 대해 의심할 생각은 하지 않고, 그저 자신의 믿음을 더욱 굳건히 하는 것이다. 이는 인간이 지닌 확증 편향의 전형적인 사례 중 하나다.

앞장에서도 설명했지만, 이러한 확증 편향이 무서운 이유는 이미 착각에 빠진 사람들은 이를 반박할 '과학적 데이터'를 아무리 들이대도 그 오해와 잘못된 믿음을 고치지 못하기 때문이다.

실제로 길로비치는 이 데이터를 농구팬들에게 제시해 보았다. 그러자 그들은 데이터 자체를 부정하는 태도를 보이거나 길로비치의 연구팀이 거짓을 말하고 있다고 반박했다.

인간은 자신이 믿는 것을 부정당하면 매우 불쾌해하고, 불안감마저 느낀다. 그래서 믿음을 바꾸기는커녕 객관적인 데이터를 무시한 채 자신과 다른 의견에 귀를 막아 버린다.

이런 특성은 어떤 특정 사람들에게 해당되는 것이 아니다. 극히 평범한 일상을 보내고 있는 우리 모두가 지닌 측면이다. 여러분에게도 많든 적든 간에 이러한 심리적인 특징이 있다. 인간이 다른 사람과 다투게 되는 것도 이러한 확증 편향 때문이다.

선두타자의 볼넷이 경기에 미치는 영향

'스포츠의 흐름'을 부정하는 또 다른 연구를 마지막으로 소개해 보겠다. 이번에는 야구에 대한 이야기다. 가토 히데아키(加藤英明) 선생과 야마사키 다카시(山崎尚志) 선생이 이와 관련한 연구를 진행했다.

그들은 2005년에 일본 야구의 양대 리그인 센트럴리그와 퍼시픽리그의 모든 득점 상황을 분석했다. 자세한 내용은 그들이 공동으로 집필한 《야구인의 착각》을 읽어보기 바란다. 야구에서 거론되는 온갖 '흐름'을 부정하고, 그것이 얼마나 잘못된 믿음인지를 자세히 풀어낸 명저다. 여기서는 이 책의 내용 가운데 일부만을 간략히 설명하겠다.

이 책에서는 야구팬들이 잘못된 믿음을 기반으로 '야구 경기의 흐름'을 자주 논한다고 지적한다. 그중 대표적인 것이 '선두타자를 볼넷으로 출루시키면 경기의 흐름이 엉망이 된다. 볼넷을 허용하느니 차라리 안타를 맞는 게 낫다'라는 주장이다. 이 말을 조금 보충하자면 다음과 같다.

'노아웃 상황에서 선두타자를 볼넷으로 내보내면 경기의 흐름이 상대팀 쪽으로 크게 기울어 버린다. 이는 안타를 맞는 등 큰 실점으로 이어진다. 이렇듯 경기의 흐름을 상대팀에게 빼앗겨 버리면 경기에서 질 수도 있다. 따라서 노아웃

상황에서 볼넷으로 주자를 내보내느니 볼을 정중앙으로 던져 안타를 맞는 편이 더 낫다.'

이는 야구인들의 대표적인 이론으로, 야구해설가의 멘트를 통해 실제 경기현장에서 자주 거론되곤 한다. 유소년 야구나 아마추어 야구에서도 이 말이 정설처럼 통용되고 있으며, 야구 경험자라면 누구나 맞다고 생각할 것이다. 하지만 정말 이 말이 맞을까?

가토 히데아키 선생과 야마사키 다카시 선생은 2005년도 공식경기에서 '노아웃 상황에서 볼넷으로 출루를 허용한 경우'와 '노아웃 상황에서 일반적인 안타로 1루 출루를 허용한 경우'를 모두 추려낸 다음 통계 기법으로 이를 비교 검토했다.

그 결과 노아웃 상황에서 허용한 볼넷이 그 회에 실점으로 이어진 확률은 40.5퍼센트였다. 반면 노아웃 상황에서 선두 타자가 안타를 쳐서 출루하고, 그 후 실점하는 확률은 39.0퍼센트였다. 즉 볼넷이든 안타든 간에 실점 확률은 거의 비슷했다(통계적으로 유의미한 차이는 없었다).

가토 선생과 야마사키 선생은 이에 그치지 않고 볼넷으로 출루를 허용하면 큰 실점이 따른다는 말의 진위를 확인하기 위해 볼넷과 안타에 따른 실점의 평균치를 구했다. 그 결과 볼넷으로 출루를 허용했을 때는 평균 0.832점, 안타로 출루를 허용했을 때는 평균 0.833점의 실점이 발생했다. 즉 볼넷이든 안타든 1루로 출루를 허용한 후 나타난 평균 실점은 거의 동일했던 것이다. 이것은 '선두타자에게 볼넷을 허용하면 경기의 흐름을 빼앗긴다'는 말을 완전히 부정하는 데이터라고 할 수 있다. 가토 선생과 야마사키 선생은 여기에 다음과 같은 흥미로운 검토를 덧붙였다.

'만약 선두타자에게 볼넷을 허용해 정말 경기의 흐름을 빼앗긴다면 다음 회에 자기 팀이 공격할 때도 득점 확률이 떨어질 것이다.'

그래서 이들은 다음 회에 자기 팀이 공격했을 때의 평균 득점확률과 평균 득점을 볼넷으로 출루했을 때와 안타로 출루했을 때의 두 조건별로 계산해 보았다.

그러자 볼넷의 조건에서는 25.4퍼센트의 확률로 득점에 성공했고, 평균 득점은 0.4545점으로 나왔다. 반면 안타인 조건에서는 27.2퍼센트의 확률로 득점에 성공했고, 평균 득점은 0.540점이었다. 이들의 말에 따르면 이러한 수치에 통계적으로 유의미한 차이는 전혀 없었다고 한다.

그들은 여기서 멈추지 않고 수비를 맡은 그 다음 회의 실점 확률과 평균 실점 수까지 계산했다. 물론 여기에서도 두 조건 사이에 별다른 차이가 나타나지 않았다.

정리하자면 '선두타자에게 볼넷을 허용하면 경기의 흐름을 빼앗긴다'는 야구인들의 생각은 완전히 잘못된 믿음이라는 것이다.

참고로 이 책의 다른 부분을 보면 차이가 0.5퍼센트밖에 되지 않는데도 유의미하고 중요한 차이라고 말하기도 하고, 반대로 차이가 2퍼센트인데도 유의미한 차이가 아니라고 말하기도 한다.

이를 제대로 이해하려면 통계학을 알아야 하는데 편의상 간단히 설명하자면, 데이터의 수가 많으면 작은 차이도 큰 의미가 있고 데이터의 수가 적으면 큰 차이가 나지 않는 이상 의미가 없다고 본다. 즉 데이터(샘플)의 수에 따라 1퍼센트의 가치가 그때그때 변한다는 뜻이다. 이 책은 이러한 통계학적 개념에 따라 어떠한 차이가 의미 있는지를 밝히는 태도를 일관성 있게 취하고 있다.

다시 본론으로 돌아가자. 가토 선생과 야마사키 선생의 저서를 보면 이처럼 야구와 관련된 수많은 속설이 가차 없이 부정당하고 있다. 예를 들자면 '기회가 온 후에 위기가 닥치고 위기가 닥친 후에 기회가 온다', '수비 시간이 길어지면 상대 팀에게 흐름이 넘어간다', '안타를 맞으면 경기의 흐름을 잃는다', '홈런은 경기의 흐름을 바꾼다' 등이다. 이는 모두 잘못된 믿음이며, 실제 데이터는 이를 완전히 부정하고 있다고 이들은 말한다.

인간은 착각 속에서만 살아갈 수 있다

이번 장에서는 스포츠에 만연해 있는 잘못된 믿음을 하나하나 부정해 보았다. 하지만 여전히 미심쩍거나 화가 나는 사람이 있을지 모른다. 내가 하는 말이 궤변이라거나, 그저 그럴듯한 거짓말을 하고 있다고 부정하는 사람도 있을 것이다.

그렇다. 바로 그런 불쾌한 감정이 확증 편향의 정체다. 그런 기분이야말로 인간이 본능적으로 지닌 확증 편향의 발로인 것이다.

사실 인간은 객관적·과학적으로 살아갈 수 없다. 오히려 착각 속에서만 살아갈 수 있다. 인간의 마음을 깊이 있게 연구하는 심리학자조차 착각에서 자유로워질 수 없으며, 나 또한 예외는 아니다.

그러므로 나는 당신에게 착각에서 빠져나오라고 주장할 생각이 없다. 그저 우리가 착각의 세계에 살고 있다는 사실을 자각하길 바랄 뿐이다. 인간은 착각을 자각적으로 줄이거나 없앨 수 없다. 확증 편향은 의지대로 할 수 없을 만큼 강건하고 무섭다. 그러니 착각을 없애려는 불가능한 일에 노력을 쏟는 것은 시간 낭비다.

그렇다면 어떻게 해야 할까? 답은 간단하다. 방금 말한 것처럼 '나는 99퍼센트의 착각의 세상 속에서 살고 있다'라고 '자각'하는 것이다. 그러한 자각은 인간적인 매력으로도 이어진다. '흐름을 탄다'는 말을 일말의 의심 없이 맹신하는 사람과 '아닐 수도 있구나'라며 남의 말에 조금이라도 귀를 기울이는 사람 중 누가 더 매력적인가? 당연히 후자다.

세간에서 말하는 유연한 사람, 다른 사람의 이야기를 잘 들어주는 사람이란 자신의 생각이 착각일 수 있다고 조금이라도 자각하는 사람일 것이다. 당신도 부디 그런 유연함을 가지길 바라며, 또한 이 책이 그런 훈련을 하는 데 조금이라도 도움이 되길 바란다.

유연함, 다양한 관점, 수많은 관심 분야 등은 인간이 착각 속에서만 살아갈 수 있다는 사실을 자각하는 순간 비약적으로 증가한다. 착각 속에 빠져 있는 자신을 비웃을 줄 아는 여유를 지닐 때 당신은 틀림없이 좀 더 매력적인 인물이 될 것이다.

경기 해설이 과장될 수밖에 없는 이유

마지막으로 한 가지만 덧붙이겠다. 사실 축구나 야구 해설가 또한 이 사실을 모두 알면서도 대중의 입맛에 맞는 말을 하는 측면이 있다는 것이다. 예를 들어 마쓰키 야스타로 씨는 해설을 할 때 '루프 패스(loop pass)'라는 전문용어를 알고 있는데도 일부러 '패스한 공이 붕 떠서 날아갔다'라고 알기 쉽게 표현한다.

과거 〈요리의 철인〉이라는 인기 프로그램에서는 요리학교 선생이기도 한 핫토리 유키오 씨가 출연자들이 만드는 요리에 해설을 덧붙이고는 했다. 그는 "앞으로 어떻게 될 것 같습니까?"라는 아나운서의 물음에 종종 "어떻게 될까요? 저도 잘 모르겠는데요"라는 말을 반복하고는 했다. 그래서 동업자들로부터 "핫토리 씨는 저런 것도 모르나?"라는 비웃음 섞인 말을 자주 들었다고 한다.

하지만 사실 그는 출연자들이 어떤 요리를 만들고 있으며, 앞으로 어떤 전개가 펼쳐질지 대부분 알고 있었다고 한다. 알고 있었지만 굳이 모르는 척을 한 것이다. 이는 일종의 연출로, 미리 설명해 버리면 프로그램의 재미가 반감될 것이기 때문에 전문가임에도 불구하고 '모르겠는데요!'라는 말을 반복했던 것이다.

축구나 야구 해설가에게도 이런 면이 있을 것이다. 해설의 재미와 정확성을 동시에 잡을 수는 없다. 과학책도 과학적인 정확성과 읽는 재미를 동시에 충족할 수는 없다. 따라서 나는 해설자의 해설을 일방적으로 부정하는 것은 공정하지 않다고 본다. 이 점을 이해해 주기 바란다.

Chapter 8

사람은 왜 자기에게
유리한 것만 기억할까?
─목격자 증언의 부정확성

인간의 뇌는 상황에 따라 기억을 바꿔 버린다

기억이란 무엇일까? 유감스럽게도 우리의 뇌는 컴퓨터처럼 모든 것을 완벽하게 기억하지 못한다. 컴퓨터는 기억한 정보를 있는 그대로 영원히 저장할 수 있다(물론 컴퓨터가 고장 나지 않는다는 전제 하에). 반면 인간은 '으악, 내가 그 서류 파일을 어디에 저장해 놓았더라?' 할 때가 많다. 기억에 남아 있는 단어 몇 개로 키워드 검색을 한 끝에 겨우 찾아낸 경험이 당신도 한 번쯤은 있을 것이다. 심한 경우에는 파일명까지 잊어버려 검색조차 어려울 때도 있다. 이것만 보더라도 인간의 기억이 얼마나 불완전한지 알 수 있다.

인간은 자신의 상황에 맞춰 기억을 바꾼다. 자신에게 도움이 될 만한 정보만 취사선택하고, 그 밖의 정보는 적극적으로 잊어버린다. 여자 친구에게 "이 영화 예전에 함께 봤잖아.

기억 안 나?"라는 말을 내뱉은 순간, 함께 봤던 사람이 예전 여자 친구였다는 걸 깨닫고 등골이 오싹했던 적이 한 번쯤 있을 것이다. 이렇듯 인간은 그냥 넘기기 곤란한 기억의 오류를 자주 일으킨다. 이는 인간의 기억이 가진 중요한 특징이기도 하다.

여기서 간단한 실험을 통해 기억의 오류를 확인해 보자. 우선 다음에 나오는 단어들을 최대한 많이 기억해 보자. 진지하게 임할수록 흥미로울 것이다.

칼 루이스, 멀리뛰기

마라톤, 100미터

금메달, 신기록, 동메달

수영, 접영, 지면

우사인 볼트, '인간새' 부브카

10종 경기, 물, 무로후시 고지

다카하시 나오코, 기타지마 고스케

이언 소프, 자유형

장대높이뛰기, 200미터

이제 질문을 해보겠다. 다음 세 단어 중 위의 항목에 들어 있지 않았던 단어는 무엇인가?

　자유형

　육상

　올림픽

　잠시 생각해 보라. 답을 떠올리고 나면 뒤에 나올 이야기가 더 흥미로울 것이다.

　정답은 '육상'과 '올림픽'이다. 그러나 아마도 많은 사람들이 이들 단어가 위의 항목에 전부 들어 있었다고 느꼈을 것이다. 원인은 우리의 기억 구조에 있다.

　인간의 뇌는 많은 정보를 기억해야 할 때 이를 좀 더 효율적으로 외우려고 한다. 앞서 나열한 단어들은 온통 육상 경기나 올림픽에 관한 것이다. 그래서 이를 한 덩어리로 합친 다음 상위 개념인 '육상'이나 '올림픽' 같은 상자에 넣어 버린다. 그렇게 하면 단어를 개별적으로 떠올리지는 못하더라도 전체적인 목적에 맞게 기억할 수는 있다. 이것이 인간의 기억이 지닌 특성이다.

　인간 중에도 컴퓨터의 기억능력과 유사한 특성을 지닌 사람이 있다. 서번트 증후군(Savant syndrome)이라는 뇌 기능

장애를 가진 사람들이다. 이들 중 일부는 컴퓨터처럼 완벽한 기억력을 가졌다. 하지만 이런 기억은 그다지 효율적이지 않다. 그보다는 다양한 정보를 상위의 개념으로 묶은 다음 세부적인 내용은 잊어버리고 본질만을 기억하는 편이 생존에 유리하다. 그래서 우리 선조들은 상세하게 기억하는 능력을 버리는 대신 개념을 기억하는 방법을 택했다.

먼 옛날의 인간은 몸을 잔뜩 덮고 있던 털을 벗어버림으로써 불을 사용하는 방법을 배웠다. 이와 마찬가지로 상세한 기억력을 버리는 대신 개념을 구사하는 능력을 얻었다. 이는 인간의 진화 과정에서 상실과 획득이 가져온 좋은 결과다. 상세하게 기억하지 못하기 때문에 조금이라도 더 기록으로 남기고자 하는 과정에서 언어가 탄생했다. 또, 정밀한 기억력을 잃음으로써 추상적인 개념을 구사하는 것이 가능해졌다.

중요한 일은 반드시 메일로 남겨라

인간은 이런 과정을 거쳐서 자신에게 일어난 일을 기억하기 쉬운 형태로 저장하는 습성을 가지게 되었다. 상사에게 크게 혼이 나면 그 순간에는 충격을 받지만 몇 년쯤 지나고 나면 자세한 일은 잊어버린다. 그 대신 '그 상사는 정말 짜증나!'라는 감정, 즉 자신의 생존에 가장 필요한 부분만 기억하게 된다.

또 다른 예로, 첫사랑의 추억은 매우 강렬해서 세세한 기억까지 고스란히 남을 것 같지만 사실 이런 기억 또한 사실과 다르게 미화되어 남는다. 어른이 된 후 동창회에 나가 첫사랑을 다시 만나 실망하는 것도 이런 이유에서다.

나도 대학교 1학년 때 좋아했던 K양의 얼굴이 잘 기억나지 않는다. 긴 머리가 아름다웠다는 사실만큼은 뚜렷하게 기억하지만 정작 중요한 얼굴은 자세히 떠올릴 수 없다. 생각이 나지 않는 만큼 그녀가 꽤 미인이었던 것 같은 기분이 든다. 졸업 후에 K양을 한 번도 만나지 못했지만, 만나지 않는 편이 나을 것이라 생각한다. 이게 다 심리학을 배운 폐해일지 모른다.

'그 애가 나한테 인사를 해줬어', '그 애와 수업 중에 눈이 마주쳤어' 등 상대방의 사소한 행동을 자신에 대한 호감의 표시로 생각하고 '그 애가 날 좋아하나 봐!'라는 엄청난 착각에 빠졌던 경험이 내게만 있지는 않을 것이다.

이렇듯 인간은 모든 일을 자신의 상황에 맞게 해석한다. 서로 자신의 상황에 맞는 부분만을 기억하기 때문에, 이러한 기억의 차이로 발생한 싸움은 결과가 좋지 않다. '난 분명히 말했다', '그런 적 없다'는 식의 논쟁만큼 헛된 것이 없다. 나 역시 '나는 그런 말을 한 적이 없다'라며 부하를 질책한 뒤, 몇 달 전에 보낸 메일을 다시 확인하다가 그런 말을 분명히 했다(메일에 적었다)는 사실을 깨닫고 경악한 적이 있다. 인간은 놀라울 만큼 자신에게 너그럽고, 인간의 기억은 놀라울 만큼 왜곡되는 법이다(물론 그 부하에게는 진심으로 사과했다).

왜곡된 기억으로 언쟁을 벌이거나 손해를 보지 않으려면, 중요한 일은 메일로 주고받는 것이 현명하다. 전화는 가장 위험한 도구다. 중요한 일을 상대방과의 직접적인 대화 혹은 전화 통화만으로 끝내는 것은 좋지 않다. 메일은 삭제하지 않는 이상 서로에게 증거로 남는다. 물론 요즘에는 라인, 페이스북, 트위터 등에도 기록이 남으므로 이것들을 활용해도 좋을 것이다.

단, 인간은 정말 제멋대로인 존재이므로 메일을 증거로 내밀었을 때 상대방이 한층 더 격렬히 화를 낼 가능성이 있다는 점을 기억해 두자. '나는 그런 말을 한 적이 없다'는 믿음이 너무 확고한 탓에 상대방이 아무리 증거를 들이밀어도 꿈쩍도 하지 않는 사람이 세상에는 너무 많다.

진실로 둔갑해 버리는 인간의 오기억

인간의 기억이 얼마나 제멋대로인지 다른 사례를 바탕으로 좀 더 살펴보자. 도널드 톰슨(Donald Thomson)이라는 오스트레일리아의 심리학자는 어느 날 밤 텔레비전 방송에 출연해 목격자 증언의 신빙성에 대한 강의를 했다.

그런데 다음날 놀랍게도 강간 용의자로 체포되었다. 피해자 여성은 그가 틀림없이 범인이라고 주장했다. 그러나 톰슨에게는 범행 시각에 방송국에 있었다는 확실한 알리바이가 있었다. 도대체 어떻게 된 일일까?

사실 그 피해자 여성은 범행을 당하기 직전에 톰슨이 출연한 생방송 프로그램을 보고 있었다. 그러던 중 끔찍한 일을 당하자 심한 착란상태에 빠졌고, 그 결과 텔레비전 방송과 자신에게 일어난 일이 기억 속에서 교묘하게 뒤섞여 버렸다. 그 과정에서 톰슨이 범인이라는 잘못된 믿음이 강하게 형성된 것이다.

이처럼 극한의 상황에서 인간의 기억은 매우 불안정해진다. 텔레비전을 통해 본 것과 자신에게 직접 일어난 사건조차 혼동해 버리는 것이다. 인간의 기억은 이처럼 모호하다.

'하지만 이 사례는 보통 사람이 지닌 기억의 특성이라고

하기엔 너무 극단적이지 않나요?'라고 되묻는 사람도 있을 것이다. 그러나 앞서 소개한 사례는 비록 극단적이기는 해도 인간의 기억이 지닌 특성을 여실히 드러낸다. 또한 극단적인 사례는 늘 '평상시의 기억'과 붙어 있게 마련이다. 게다가 이런 일이 자신에게는 결코 일어나지 않을 것이라고 단정할 수도 없다. 결론적으로 말해 감정이 심하게 흔들렸을 때의 기억은 매우 불확실해질 가능성이 있다.

참고로 위에서 언급한 톰슨의 사례는 1990년에 〈사이언스 뉴스Science News〉에 게재된 '지나갔지만 잊히지 않는 것(Gone but not forgotten)'이라는 논문에서 차용한 것이다. 이러한 잘못된 기억을 심리학에서는 '오기억(false memory)'이라고 한다. 오기억은 인간의 역사와 함께 존재해 왔다고 여겨진다. 즉 수천 년 전부터 인간은 오기억과 함께 살아온 것이다.

심리학에서 가장 유명한 오기억의 사례는 장 피아제(Jean Piaget)에 대한 것이다.

여러분은 피아제에 대해 알고 있는가? 대학에서 심리학을 전공한 사람이라면 누구나 아는 이름이다. 피아제는 고전 심리학의 대가로, 현대에 이르러서는 발달심리학의 아버지라는 평가를 받고 있다. 어린이에게는 발달단계에 따른 심리적 성장이 있다는 사실을 세계 최초로 밝혔으며, 심리학의 여명기를 이끌었다. 그런 피아제에게 오기억과 관련된 놀라운 일화가 있다.

피아제는 두 살 무렵 유괴를 당할 뻔했지만 그 광경을 본 유모가 자신을 지켜 주었다고 기억했다. 그러나 열다섯 살이 되던 해에 유모로부터 한 통의 편지를 받았다. 그 편지에는 유괴와 관련된 기억이 모두 날조된 것이며, 자기가 지어낸 이야기를 어린 피아제에게 여러 번 들려주었을 뿐이라고 적혀 있었다. 피아제가 두 살 무렵에 유괴를 당할 뻔한 사실은 완전한 오기억이었던 것이다.

그러나 피아제는 당시의 상황을 모두 떠올릴 수 있을 만큼 뚜렷한 기억을 갖고 있었다. 유괴 현장에서 느낀 감각을 전부 떠올릴 수 있다고 말했을 정도였다. 어릴 적부터 그 일에 대해 꾸준히 들은 탓에, 몸에 새겨져 버린 오기억이 부정할 수 없는 강력한 진실로 남아 버린 것이다.

이 일화를 통해서도 우리는 인간의 기억이 지닌 신비성과 모호함을 알 수 있다. 피아제에게 그러한 오기억은 객관적으로 부정당하더라도 주관적으로는 평생 '진실'로서, 현실감 있는 기억으로 남았을 것이다.

기억에 의존해서는 안 되는 이유

기억의 왜곡에 관한 가장 유명한 연구 논문은 엘리자베스 로프터스(Elizabeth Loftus)와 존 파머(John Palmer)가 1974년에 발표한 것이다. 참고로 로프터스는 심리학계에서 타의 추종을 불허하는 연구자로 특히 기억 관련 분야에서 중요한 연구를 많이 해왔다. 20세기에 가장 영향력 있는 심리학자 가운데 한 명으로 선출될 만큼, 여성으로서는 최고의 위치에 오른 인물이기도 하다.

1974년에 로프터스 연구팀이 실시한 실험에서 피험자 45명은 자동차 사고 장면을 찍은 영상을 본 뒤, 설문지를 작성했다. 질문 중에는 '자동차가 부딪친 순간에 그 차는 시속 몇 킬로미터였다고 생각하는가?' 등이 있었다.

그런데 이 질문에는 '부딪쳤다'라는 표현이 저마다 다른 다섯 단계의 말로 표현되어 있었다. 즉 '충돌했다', '충격이 발생했다', '부딪쳤다', '쳤었다', '접촉했다'(원문에 사용된 영어 표현은 smashed, collided, bumped, hit, contacted)와 같은 다섯 가지 유형이었다. 영어이므로 직관적으로 알아차리기 어렵겠지만, '충돌했다(smashed)'에서 '접촉했다(contacted)'로 갈수록 표현과 사고의 정도가 약한 것 같은 인상을 준다.

이처럼 질문에서 사용한 표현의 차이에 따라 피험자가 사고 당시 차량의 속도를 어떻게 보고할 것인지를 알아보는 것이 이 실험의 목적이었다. 즉 영상을 봤을 때의 기억이 그 후 사소한 언어적 표현의 차이의 영향을 받아 변화하는지를 알아보는 실험이었다.

조사 결과 피험자들이 예상한 사고 당시의 차량 속도는 '충돌했다'의 경우 40마일, '충격이 발생했다'의 경우 39마일, '부딪쳤다'의 경우 38마일, '찧었다'의 경우 34마일, '접촉했다'의 경우 32마일로 나타났다(킬로미터로 환산하면 각각 66km/h, 63km/h, 61km/h, 55km/h, 51km/h).

즉 표현의 차이가 기억의 내용을 확실히 변화시켰다. 동일한 사고임에도 그 후에 사용한 언어 표현에 따라 사고에 대한 기억이 왜곡된 것이다.

이밖에도 연구팀은 '앞 유리가 깨졌습니까? 깨진 앞 유리를 보았습니까?'라는 질문을 유형별(언어표현을 달리한)로 50명의 피험자에게 던져 보았다. 참고로 영상에서는 앞 유리가 깨지지 않았다.

이 질문에 '차가 충돌했을 때'라고 물은 피험자 중에서는 16명이 오기억으로 '깨져 있었다'고 답했고, 34명은 '깨져 있지 않았다'고 올바르게 답했다. 반면 '차를 찧었을 때'라고 물은 피험자 중에서는 오기억으로 '깨져 있었다'고 답한 사람이 7명, '깨져 있지 않았다'고 올바르게 답한 사람이 43명이었다.

사고에 대한 표현이 '쩷었다'에서 '충돌했다'로 바뀐 것만으로 오기억이 생긴 사람이 두 배 이상 늘어난 것이다. 즉 사고의 인상을 강렬하게 하는 표현을 사용하면 사고의 정도 또한 심했던 것처럼 느껴져 기억이 왜곡되었다. 영어에서는 'hit'보다 'smash'가 더 강한 표현이므로, 그 표현에 부합하도록 기억이 수정된 것으로 볼 수 있다. 이처럼 인간의 기억은 실험자의 의도대로 조작·통제될 수 있는 것이다.

이는 실로 무서운 사실이다. 인간의 기억은 언어 조작처럼 미묘하고 자의적인 조작에 따라 얼마든지 왜곡된다. 이 연구는 우리에게 결코 기억에 의존해서는 안 된다는 것을 강하게 시사한다.

마인드컨트롤은 간단하다?

이번에는 로프터스가 1995년에 발표한 '오기억의 형성'이라는 논문을 살펴보자.

이 실험에서는 성인 24명에게 어린 시절 일어난 사건을 떠올리는 실험이라고 설명한 뒤 네 가지 사건(일화)을 제시했다. 네 가지 가운데 세 가지는 사전에 피험자의 부모 등에게 물어 미리 알아낸 진실이었다. 나머지 하나는 날조된 것으로 '다섯 살 때 ○○라는 쇼핑센터에서 미아가 되어 한참 동안 울고 있었는데, 어떤 할머니의 도움으로 무사히 가족에게 돌아갈 수 있었다'는 이야기였다. 쇼핑센터의 이름 등 상세한 정보는 사전에 가족에게 물어서 실존하는 것을 사용했다. 그러나 미아가 되었다는 사건 자체는 없었다는 것을 가족을 통해 미리 확인해 두었다.

실험자는 피험자에게 네 가지 일화에 대해 최대한 많은 기억을 떠올려 보라고 요구했다. 단, 아무리 해도 기억나지 않을 경우에는 솔직히 말하도록 부탁했다. 즉 결코 거짓을 말하기를 원치 않으며, 거짓을 말한들 아무런 도움이 되지 않는다는 사실을 피험자에게 미리 전달해 둔 것이다.

그러나 네 가지 일화를 제시받은 피험자 가운데 25퍼센트 정도가 쇼핑센터에서 미아가 된 기억을 '떠올릴 수 있다'고 답했다. 실제로는 미아가 된 적이 없었음에도 불구하고 마치 실제로 있었다는 듯이 보고한 것이다.

이후 로프터스 연구팀은 '네 가지 사건 중에 한 가지는 거짓'이라고 말해 미아가 된 사건이 거짓일 수 있다는 가능성을 비친 후 다시 동일한 실험을 실시했다. 그런데도 역시 25

퍼센트 정도의 피험자가 미아가 된 경험이 있었다고 보고했다. 즉 미아가 된 사건이 거짓이라는 점을 알아차리지 못한 것이다. 이로써 실제로 전혀 일어나지 않은 일을 날조된 기억으로 남길 수 있다는 것이 증명되었다.

인간의 기억은 이처럼 쉽게 날조될 수 있다. 이는 매우 두려운 사실이다. 그러나 분명 인간의 특성이기도 하다. 기억이란 이렇게나 애매하고 불안정한 것에 불과하다.

마인드컨트롤은 이러한 인간의 특성을 교묘하게 이용해 통제하는 측이 원하는 대로 기억을 심어 버린다. 예를 들어 부모에게 학대당했다는 오기억을 심는 것도 가능하다. 부디 이러한 위험성을 '기억'해 두기 바란다.

로프터스의 또 다른 실험을 소개해 보겠다. 2005년 〈학습과 기억Learning & Memory〉에 게재한 논문의 내용이다.

로프터스는 이 실험에서 다음의 이미지를 피험자에게 보여 주었다. 이 이미지를 보면 벅스 버니가 디즈니랜드 선전에 등장한다. 벅스 버니는 워너브러더스의 캐릭터로 디즈니와는 아무 관계가 없다. 따라서 벅스 버니가 디즈니를 선전하는 일은 있을 수 없는 일이다.

사실 이 광고는 로프터스가 직접 만든 가짜 광고였다. 그러나 놀랍게도 피험자에게 '과거에 어디선가 이 광고를 본

로프터스가 피험자들에게 제시한 가짜 광고. 벅스 버니가 디즈니랜드를 선전하고 있다.(Elizabeth F. Loftus (2005) Planting misinformation in the human mind: A 30-year investigation of the malleability of memory. Learning & Memory, 361-366.)

적이 있는가?'라고 묻자 16퍼센트나 되는 사람이 '본 적이 있다'고 대답했다. 이 실험에서 알 수 있듯 인간은 '그럴듯한' 것에 매우 취약하다. 절대 있을 수 없는 일이라 하더라도 그것이 그럴듯해 보이면 과거의 기억이 조작되어 본 적이 있다고 자신 있게 대답해 버리는 것이다.

신빙성이 떨어지는 목격자 증언

인간의 기억에는 '확신도'라

는 개념이 있다. 확신도란 그 기억에 대한 자신감을 나타내는 척도를 말한다. 기억 실험에서는 종종 피험자에게 기억의 정확성에 대한 자신감, 즉 확신도를 함께 묻는다. 언뜻 생각하면 확신도가 높을수록 그 기억의 신뢰성과 안정성이 높을 것 같다. 범죄 현장에 있던 목격자가 "틀림없이 그 사람이 범인이야!"라고 말한다면, 지칭받은 그 사람이 범인이라고 생각할 것이다. 이것이 바로 인간적인 반응이다. 그러나 심리실험에서는 이러한 확신도가 전혀 도움이 안 된다는 사실이 증명되고 있다.

로프터스가 1995년 〈심리학 논평Psychological Bulletin〉에 게재한 논문에 따르면 확신도와 기억의 정확성은 전혀 비례하지 않는다. 그러나 우리는 '확신도=기억의 정확도'라고 잘못 판단해 버린다.

이러한 오해가 목격자 증언에 대한 지나친 의존, 더 나아가 원죄(冤罪, 억울하게 뒤집어쓴 죄)를 낳는 토양이 되고 있다. "분명히 그렇다고 생각해!"라고 말한다고 해서 그 말을 절대적으로 믿어도 되는 것은 아니다. 그저 자신이 본 것이 정확하다고 확신하는 목격자들의 증언이 수많은 원죄를 낳고 있다. 재차 말하지만 인간의 기억이란 매우 모호하며, 인간이 컴퓨터처럼 사실을 있는 그대로 기억하는 것은 불가능하다.

이밖에도 로프터스는 1987년 〈법과 인간행동Law and Human Behavior〉에 '흉기 주목 효과'라는 현상을 발표했다. 이 논문에서는 범인에 대한 목격자 증언을 요구하는 실험을 보여주었다. 이 실험으로 다음의 결론이 도출되었다.

폭력 사범이 흉기(총기나 칼 등)를 들고 있으면 피해자나 목격자의 시선과 주의가 흉기에 쏠리는 바람에 흉기는 상당히 정확하게 기억하는 반면 인물의 특징(얼굴이나 체격 등)은 정확하게 기억하지 못한다. 나이프나 식칼의 위험성에 온통 신경이 팔려 버리므로 범인이 어떤 얼굴을 하고 있었는지, 키가 몇 센티미터 정도였는지 등을 정확히 기억하지 못하는 것이다.

대학시절 좋아했던 K양에 대해 가장 특징적이었던 긴 머리는 기억하고 있으면서도 정작 중요한 얼굴은 제대로 기억하지 못한 내 일화 역시 이와 관련이 있다. 즉 특별히 주의를 끄는 특징이 있으면 이를 제외한 다른 상세한 정보는 기억에서 누락되어 버리는 것이다. 이것이 인간의 기억이 가진 특성이다.

이러한 흉기 주목 효과를 다룬 터무니없는 실험 하나를 더 소개해보겠다. 오늘날의 대학에서는 도저히 할 수 없을 만큼 윤리적 문제가 있는 실험이 1901년 슈테른(Stern, L. W.)과리스트(Liszt, F. E.)에 의해 실행되었다.

그들은 수업 중에 2인 1조로 어떤 주제를 논의하게 했다. 한 명은 진짜 피험자, 다른 한 명은 바람잡이였다. 실험자가 의도한 대로, 논의 중에 바람잡이가 의도적으로 계속 반대 의견을 펼치며 싸움을 걸기 시작했다. 결국 화가 머리끝까지 난(물론 연기였지만) 바람잡이가 피험자에게 총을 갖다 댄다. 그 순간 실험이 중단되고 바람잡이가 자신의 정체를 밝힌다.

그 후 피험자에게 바람잡이가 총을 꺼내들기 직전까지 이어진 논의에 대해 떠올리게 한 후 말로 설명하게 했다. 그러나 총 때문에 극단적으로 강렬한 공포를 느낀 피험자는 방금 전에 있었던 논의에 대해 매우 모호한 설명밖에 하지 못했다.

만일 지금의 대학에서 이런 실험을 계획한다면 실험윤리심사위원회로부터 실험을 중단하라는 통보를 받을 것이다. 실험에 참여한 피험자가 외상 후 스트레스 장애(Post Traumatic Stress Disorder, PTSD)에 시달릴 수도 있기 때문이다. 만약 윤리위원회를 통하지 않고 몰래 실험을 했다가 들키는 날에는 해고를 당할 수도 있다. 이런 실험은 그 당시에나 가능했을 것이라는 생각이다.

여하튼 이러한 실험 사례를 볼 때 목격자에게 증언을 요구하는 것 자체가 사건의 정확성을 흐릴 여지가 있음을 알 수 있다. 흉기가 사용되었을 당시에는 흉기에 온통 주의가 쏠려 버리기 때문이다. 인간의 주의력에는 한계가 있어서 특정 타깃에 주의가 쏠리면 다른 것에 주의를 기울이지 못하게 된다. 흉기는 자신의 생존을 좌우하는 매우 큰 타깃이기 때문에, 그 밖의 다른 대상을 신경 쓰지 못하는 것이 당연하다. 그 결과 범인의 얼굴에 나타난 특징을 충분히 기억할 수 없게 된다.

즉 범죄 피해자에게 범죄자의 특징을 묻는 작업은 애초에 성립하지 않는 매우 어려운 작업이라 할 수 있다. 이 때문에 앞서 소개한 오스트레일리아의 심리학자 도널드 톰슨처럼 범인으로 오인당해 체포되는 사태가 일어나는 것이다.

인간의 뇌는 변화에 취약하다

더욱 재미있는 사례가 바로 '변화맹(變化盲, Change blindness)'이다. 이 사례는 텔레비전에서도 여러 차례 방영된 바가 있어 독자 여러분에게 친숙할 수 있다. 다시 한 번 말하지만 우리 인간은 변화에 그리 민감하지 못하다.

예를 들어 낯선 사람이 길을 물어본다고 하자. 잠시 후 길을 묻는 사람과 길을 가르쳐 주는 사람 사이에 대형 간판을 운반하는 사람이 끼어들어 두 사람 사이를 차단한다. 그리고 간판을 운반하는 사람이 지나가는 동안 길을 물어본 사람이 다른 사람으로 뒤바뀐다. 그러나 길을 가르쳐 준 사람은 길을 물어본 사람이 바뀐 사실을 알아차리지 못한다.

유튜브에 이런 동영상이 많이 올라와 있으므로 꼭 한번 확인해 보기 바란다. '기억이 이렇게까지 모호한 것인가'를 확인해 보는 것도 매우 중요하다. 이를 증명하는 것이 심리학의 중요한 의의 가운데 하나이기도 하다.

다시 본론으로 돌아가, 우리는 길을 묻는 사람이 다른 사람으로 뒤바뀐 변화를 알아차리지 못한다. 인간은 그만큼 변화에 취약하다. 이것이 변화맹이라 불리는 현상이다. 즉 우리는 자신이 생각하는 것만큼 '보고 있는 것'을 제대로 '보고 있지 않으며', '볼 수 없다'는 것이다.

변화맹은 매우 강렬한 인상을 주기 때문에 방송 콘텐츠로 다양하게 활용되고 있다. 예를 들어 어린이들에게 인기 있는 애니메이션 〈요괴워치〉에도 방송이 끝날 때 화면 가운데 어느 곳이 바뀌었는지를 알아맞히는 코너가 있었다. 또 〈앗코에게 맡기세요!〉라는 프로그램에도 바뀐 곳을 알아맞히는 퀴즈 코너가 있었다. 일본의 저명한 뇌과학자 모기 겐이치로(茂木健一郎) 선생이 텔레비전에 나와 몇 번이나 이를 시연한 것이 생생히 기억난다.

말로 표현할수록 정확한 기억을 잃어버린다

이밖에도 기억을 왜곡시키는 요소가 여럿 있다. 한 예로 '기억을 언어로 바꾸면 올바른 기억에서 점점 멀어진다'와 같이 직감에 반하는 사례도 보고되어 있다. 조나단 스쿨러(Jonathan W. Schooler) 연구팀이 1990년에 〈인지심리학〉에 매우 흥미로운 논문을 발표했다.

이 실험에서 실험자는 피험자들에게 어떤 인물에 대한 영상을 보여주었다. 그 후 피험자 중 절반은 그 영상 속에 나온 인물의 얼굴에 대해 말로 설명했고, 나머지 절반은 말로 설명하지 않았다.

말로 설명할 때는 '눈이 가늘고 눈꼬리가 위로 올라가 있으며, 턱이 좁고 광대뼈가 올라가 있다'는 식으로 구체적으로 설명하게 했다. 그 후 몇 명의 인물을 보여준 다음 영상에 나온 사람을 맞히는 테스트를 실시했다. 그러자 인물의 얼굴을 말로 설명했던 피험자 그룹이 말로 설명하지 않았던 피험자 그룹보다 정답률이 크게 떨어졌다.

즉 과거에 본 사람을 말로 설명하면 기억이 제대로 정착되지 않아 잘못된 기억이 남아 버리는 것이다. 이러한 현상은 말로 설명하면서 원래의 추상적 기억이 왜곡되어 생기는 것으로 보인다. 영상을 말로 변환하는 과정에서 기억이 왜곡되어 올바른 기억에서 멀어져 버리는 것이다.

즉 목격자가 증언을 거듭할수록 원래의 올바른 기억이 더 왜곡될 가능성이 있는 것이다.

'백지장도 맞들면 낫다'는 말은 거짓말이다

게다가 우리의 기억은 '백지장도 맞들면 낫다'는 속담과 정반대의 효과를 낸다. 즉 두 사람이 모이면 기억이 엉망진창이 되는 것이다. 이와 관련해 피오나 가버트(Fiona Gabbert) 연구팀이 2003년 〈응용인지심리학Applied Cognitive Psychology〉에 발표한 논문을 소개한다.

이 논문에서 실험자는 피험자 60명을 단독 혹은 2인 1조라는 두 가지 조건으로 나누고, 범죄와 관련된 30초짜리 동영상을 보여 주었다. 그런 다음 동영상에 대해 서른 가지 질문을 던졌는데 단독으로 영상을 본 조건에서 피험자들은 자신의 기억을 바탕으로 질문에 대답했고, 2인 1조의 조건에서 영상을 본 피험자들은 서로 상의해 답을 결정했다.

그 결과 단독 조건에서는 대부분의 피험자가 질문에 올바르게 대답한 반면, 2인 1조로 상의를 하는 조건에서는 오답이 30퍼센트나 증가했다. 기억에 대해 타인과 이야기를 나누는 것은 '백지장도 맞들면 낫다'는 속담과 정반대의 효과를 초래하는 것이다. 즉 기억을 더듬어야 할 상황에서 타인과 대화하는 행동은 오히려 오기억을 초래해 버린다.

이에 대한 뚜렷한 원인은 아직 단정할 수 없지만, 이야기를 나눌 상대가 있으면 불확실한 내용까지 의제로 삼아 버리는 데다 상대방과 직접 얼굴을 마주한 상태에서 이를 부정하기가 어려워져 점점 오기억이 조장되는 것이 아닐까 추측하고 있다.

원죄 사건의 75퍼센트는 목격자 증언이 원인

게리 웰스(Gary L. Wells) 연구팀이 2006년 '목격자 증언의 증거'라는 제목으로

〈심리과학〉에 발표한 또 다른 논문을 보자. 이 논문에서는 DNA 분석을 통해 나중에 원죄로 밝혀진 사건을 자세히 조사했다. 그 결과 원죄 사건의 약 75퍼센트는 목격자의 잘못된 증언으로 발생했다는 것이 밝혀졌다.

재차 강조하지만 인간의 인지와 기억은 매우 모호하다. 따라서 이것을 바탕으로 한 현행 경찰조사 시스템에는 한계가 존재할 수밖에 없다. 물론 목격자의 증언이 경찰의 유력한 조사수단이라는 점, 목격자의 증언 덕분에 실제로 많은 사건이 해결되었다는 점에는 이견이 없다. 그러나 이러한 목격자의 증언이 불행한 원죄를 낳고 있다는 것 또한 틀림없는 사실이다. 원죄의 발생을 막으려면 목격자의 증언에 지나치게 의존하는 수사 방식을 피해야 한다고 본다.

이처럼 수사 현장이나 법정에서 심리학이 수행해야 할 역할은 매우 크다. 요즘에는 법정심리학이라는 분야가 확립되어 인간의 심리·인지를 법정 상황에 올바르게 반영하려는 시도가 진행되고 있다.

내 대학시절 동창인 와타무라 에이이치로(綿村英一郎) 선생과 그의 공동 연구자인 와케베 도시히로(分部利紘) 선생은 법정심리학의 중요성을 널리 알리고 있는 선구자다. 그들의 연구에는 특필할 만한 것이 있으며, 향후 우리 사회가 그들의 성과에 주목할 것이라 생각한다. 나는 같은 심리학자로서 그들의 업적을 진심으로 감사하게 여긴다. 더 이상 잘못된 직감이나 잘못된 기억이 원죄를 낳지 않기 위해서라도 그들의 역할이 크다고 본다. 여러분도 부디 그들의 이름을 기억해 두길 바란다.

오기억에 기대할 수 있는 긍정적 효과

여기까지 읽은 독자라면 오기억은 무조건 나쁘다는 생각이 들 것이다. 하지만 사실 이러한 오기억을 적극적으로 사용해서 인간에게 긍정적인 효과를 유도하려는 몇몇 시도가 이루어지고 있다.

마지막으로 그러한 사례를 소개해 보겠다. 오기억 연구의 대가인 로프터스와 대니얼 번스타인(Daniel M. Bernstein)이 이끄는 연구팀이 진행한 실험으로, 2005년 〈사회 인지Social Cognition〉에 이를 다룬 논문이 게재되었다.

실험에서는 대학생인 피험자에게 오기억을 형성시켰다. 피험자에게 여러 음식 가운데 좋아하는 음식과 싫어하는 음식을 평가하게 하거나 음식에 대한 설문조사를 실시한 뒤, 다른 과제(실험과 무관한 허위 과제)를 전달해서 피험자가 어떤 대답을 했는지 잊어버리게 했다.

그런 다음 피험자에게 '당신은 어린 시절 달걀을 먹고 탈이 난 적이 있어서 달걀을 좋아하지 않게 되었다고 답했다'는 거짓 피드백을 전달했다. 그러자 피험자 중에 일부는 오기억으로 인해 자신이 그런 답변을 했다고 착각하는 현상이 일어났다.

그 후 전혀 다른 실험으로 피험자들에게 가상의 파티에 참석하고 있다는 상상을 하게 했다. 그 파티에는 37가지의 음식이 준비되어 있다고 가정하고, 피험자들에게 그 음식 가운데 먹고 싶은 음식을 대답하게 했다. 그 결과 달걀을 먹고 탈이 난 적이 있다는 오기억을 갖게 된 피험자 가운데 달걀을 먹고 싶다는 반응이 크게 줄어들었다. 또한 달걀 이외의 식품을 이용한 경우에도 비슷한 결과가 나온다는 것이 확인되었다.

즉 오기억을 이용해 실험자가 의도한 방향으로 식품의 기호도를 왜곡시키는 데 성공한 것이다. 이는 실로 놀라운 결과다. 우리가 알지 못하는 사이에 우리의 기호가 조작될 수 있다는 뜻이기 때문이다. 이를 좀 더 긍정적인 방향으로 사용한다면 피망을 먹지 못하는 성인에게 '어렸을 때는 피망을 덥석 먹고는 했다'는 오기억을 심어줌으로써 편식하는 습관을 바꿀 수 있을지 모른다.

마지막으로 다시 한 번 강조하고 싶다. 기억이란 매우 불확실한 것이다. 독자 여러분도 이를 이해하셨으리라 생각한다. 그 점을 유의하며 하루하루를 살아간다면 생활 속에서 발생하는 온갖 문제를 최대한 줄일 수 있을 것이다.

※이번 장의 논리적 구조와 예로 든 훌륭한 논문들에 대해서는 후쿠오카여자대학의 와케베 도시히로 선생의 가르침이 있었다. 와케베 선생은 기억 전문가로, 같은 후쿠오카에 살고 있는 나에게 많은 자극을 주는 훌륭한 분이다.

Chapter 9

SNS에서 여론을
조작할 수 있을까?
-라벳의 자유의지 실험

'내 인생은 내가 결정한다.'

평범한 사람이라면 누구나 이렇게 생각한다. 또한 감정 역시 자신의 의지에 따라 통제할 수 있다고 믿는다. 하지만 인간의 행동이나 기분은 자신이 상상하는 것 이상으로 무의식의 지배를 받고 있다. 이번에는 인간이 가진 의지와 무의식에 대해 살펴보자.

페이스북을 이용한 감정 조작 실험

당신은 페이스북을 활용하고 있는가? 많은 사람이 인터넷에서 관계를 확장하며 자신의 일상을 타인에게 알린다. 직접 글을 올리지 않더라도 친구의 동향을 파악하기 위해 매일 페이스북이나 트위터를 들여다보는 이도 있다. 이들 대부분은 자신이 SNS를 통제하고 있다고 생각하겠지만, 실제로는 SNS가 우리를 조종하고 있는지도 모른다.

애덤 크레이머(Adam Kramer) 박사 연구팀은 2014년 〈미국 국립과학원회보Proceedings of the National Academy of Sciences〉에 이와 관련한 논문을 발표했다.

연구팀은 페이스북 회원을 대상으로 대규모의 감정 조작 실험을 실행했다. 우선 피험자 68만 9,003명을 무작위로 세 그룹으로 나누었는데 첫 번째는 아무 조작이 없는 그룹, 두 번째는 타인의 긍정적인 게시글이 자신의 뉴스피드에 안 보이도록 조작된 그룹, 세 번째는 타인의 부정적인 게시글이 자신의 뉴스피드에 안 보이도록 조작된 그룹이었다.

실험은 페이스북의 협력 하에 진행되었다. 페이스북 관리자는 피험자의 친구들이 올린 글 가운데 긍정적 혹은 부정적인 단어가 포함된 글을 각 그룹의 조건에 맞춰 게시했다. 각 그룹의 조건에 맞지 않는 글은 뉴스피드에 보이지 않도록 조작한 것이다.

실험자의 의도대로 피험자는 자신의 페이스북에 올라온 게시글이 조작되었다는 사실을 전혀 알아차리지 못했다. 아니, 애초에 자신이 실험에 참가하고 있다는 사실조차 알지 못했다.

이런 이유로 이 실험은 윤리적인 측면에서 큰 사회문제가 되었다. 일본에서도 포털사이트 토픽난에 실릴 만큼 화제가 되었으므로 기억하는 사람이 있을 것이다. 다행히 피험자를 영어 이용자로 한정했기 때문에(대다수의 일본인은 실험 대상에서 제외되었기 때문에) 일본에서는 이 실험이 크게 문제되지 않았다. 심리학자로서 나도 저런 엄청난 실험을 실행할 수 있으면 얼마나 좋을까 싶었지만 말이다.

SNS에서 여론 조작이 가능할까?

연구팀은 특정 기간 동안 자신의 뉴스피드에 보이는 타인의 게시글이 긍정적이거나 부정적으로 조작된 피험자가 추후에 긍정적이거나 부정적인 글을 얼마나 올리는지를 조사했다. 실험은 2012년 1월 11일부터 18일까지 일주일간 진행되었으며, 총 300만 개의 글이 분석 대상이었다.

참고로 특정 게시글이 긍정적인지 혹은 부정적인지는 기계적으로 판단했다고 한다. 즉 사전에 지정된 긍정적인 단어가 자주 등장하면 기계가 자동적으로 긍정적인 글로 판단했다. 예를 들어 '행복', '즐겁다', '기쁘다' 등의 말이 들어 있으면 긍정적인 글로 판단했고 '슬프다', '괴롭다', '죽고 싶다'와 같은 말이 들어 있으면 부정적인 글로 판단했다.

물론 게시글 중에는 예외가 있었을 것이다. 예를 들어 '죽고 싶을 만큼 기쁘다'와 같은 표현은 긍정적인 내용이지만 기계가 이를 어떻게 판단할지 우리로서는 알 수 없다. 다만 그런 예외를 제외하고 대부분의 경우 제대로 판단한 것으로 보이며 실험 결과 역시 신빙성이 있다고 생각된다.

이제 실험 결과를 살펴보자.

우선 아무것도 조작하지 않은 피험자가 긍정적인 글을 올린 비율은 전체 게시글 가운데 5.25퍼센트였다. 반면 타인의 긍정적인 게시글을 선택적으로 삭제당한 피험자가 긍정적인 게시글을 올린 비율은 5.15퍼센트에 그쳤다. 두 그룹 사이의 차이는 불과 0.1퍼센트였지만, 70만 명에 가까운 사람을 대상으로 한 대규모 조사에서 이는 매우 큰 수치다.

한편 부정적인 게시글을 선택적으로 삭제당한 사람이 긍정적인 게시글을 올린 경우는 5.3퍼센트였다. 즉 페이스북 상에서 부정적인 정보가 줄어들면 긍정적인 게시글을 올리기 쉽다는 뜻이다.

피험자가 올린 부정적인 게시글의 수에서도 이와 동일한 경향이 나타났다. 타인의 긍정적인 게시글이 줄어든 피험자는 더 부정적인 게시글을 올렸고, 타인의 부정적인 게시글이 줄어든 피험자는 더 긍정적인 게시글을 올렸던 것이다.

어느 쪽이든 변동의 폭은 불과 0.1퍼센트 정도에 불과했다. 그러나 70만 명의 기분을 일제히 조작하는 것이 가능하다는 뜻이므로 결코 이 수치를 무시해서는 안 된다. 물론 통계적으로 유의미한 차이라는 점도 확인되었다.

이러한 결과를 보고 만약 정부가 명확한 의도 하에 페이스북을 조작한다고 생각하면 정말 두렵다. 여론을 조작해 국민을 조종하는 것이 부분적으로는 가능하기 때문이다.

선거에 SNS를 활용한 지 얼마 되지 않았지만 앞으로 SNS 상에서 정치와 관련된 정보를 조작하는 일이 일어나도 하등 이상할 것이 없다. 앞으로는 이런 일을 의식적으로 경계해야 할 것이다.

이제 인간은 무의식중에 자신의 감정이나 기분까지 타인에게 조종당하고 있다. 자신의 뜻대로 힘을 내거나 밝게 지내려고 노력하는 것도 어려운 일인데, 페이스북에 올라오는 타인의 글 때문에 기분이 바뀔 수 있는 것이다.

친구 수와 뇌 크기의 관계

페이스북 이야기가 나온 김에 잠시 옆길로 새어 보자. SNS 상의 친구 수와 뇌의 특정 부위의 크기가 관련이 있다는 논문이 있다. 뿐만 아니라 과학자에 대한 평가와 페이스북의 친구 수를 비교하는 기발한 논문도 있다.

뇌과학자 가네이 료타(金井良太)가 〈영국학술원회보Pro-ceedings of Royal Society〉에 게재한 논문은 페이스북의 친구 수와 뇌의 특정 부위의 크기의 관계를 다루고 있다. '온라인 소셜 네트워크의 규모는 인간의 뇌 구조를 반영한다'라는 제목의 논문으로, 상당히 충격적이다.

페이스북에는 친구 수가 표시되어 있다. 가네이 료타는 이러한 페이스북의 친구 수와 뇌 조직인 회백질의 크기가 어떤 연관성이 있는지 조사했다. 그 결과 페이스북 친구가 많을수록 오른쪽 상측 두구(superior temporal sulcus), 내후각피질(entorhinal cortex) 같은 회백질이 더 크다는 사실을 발견했다. 또한 페이스북의 친구 수는 해마의 크기와도 상관관계를 보였다. 즉 이들 부위가 클수록 페이스북의 친구 수가 많아지는 것이었다.

페이스북의 친구 수는 실제로 만나 어울리는 친구 수와도

관계가 있었다. 평소에 많은 친구와 어울리는 사람은 페이스북에도 친구가 많았다. 회백질이 커진 부위는 타인과 사회적인 관계를 구축할 때 활동하는 것으로 알려져 있다. 이에 따라 페이스북에서 친구가 많은 사람은 사회적인 인지·사회행동을 관장하는 뇌 부위 역시 커지는 듯하다.

단 이들 관계에서 무엇이 원인이고 무엇이 결과인지는 알 수 없다. 친구가 많기 때문에 뇌가 커진 것인지 반대로 뇌가 크기 때문에 친구를 많이 사귈 수 있는 것인지에 대해서는 아직 아무것도 밝혀지지 않았으며 향후 검토가 필요하다.

개인적으로는 양방향의 인과관계가 동시에 성립하는 것이 아닐까 싶다. 즉 뇌가 크기 때문에 친구를 효율적으로 늘릴 수 있었으며, 친구가 늘어나기 때문에 뇌가 점점 더 커진 것이 아닐까 생각한다.

뇌가 큰 동물일수록 사회 규모가 커진다는 이야기가 있다. 돌고래나 원숭이는 뇌가 크기 때문에 무리의 규모가 커진다. 반면 사슴이나 고양이처럼 뇌가 작은 동물은 무리를 형성하려는 경향이 많지 않다. 즉 뇌의 크기와 사회적인 교류는 밀접한 관련이 있는 것이다.

기존에는 동물에게서만 이러한 이론이 성립되었으나 위의 조사를 통해 인간 개개인 사이에서도 이 법칙이 적용된다는 것을 알게 되었다.

예전에는 친구의 수를 확실히 정의하는 것이 어려웠지만, 페이스북에서는 친구의 수를 명시적으로 정의할 수 있다. 이는 매우 흥미로운 과학적 진보로 21세기 과학자들에게는 매우 훌륭한 이점이 되고 있다.

여기에서 '어? 나는 페이스북 친구가 적은데?'라며 화를 내거나 불안해하는 사람이 있을 수 있다. 하지만 다시 한 번 떠올려보길 바란다. 심리학은 평균치의 과학이다. 뇌는 큰데 친구는 적은 사람이 있고 뇌가 작은데도 친구는 많은 사람이 있다. 평균치의 결론을 개인에게 적용해서는 안 된다.

또 한 가지, 페이스북과 관련해 우리 과학자들을 조사한 흥미로운 논문이 있어 소개해 보겠다.

우리 과학자들은 논문을 쓴 뒤 그 논문을 전 세계에 발표해 많은 사람이 읽게 한다. 그리고 그 논문을 통해 밝혀진 사실이 흥미롭고 가치가 높을 경우 또 다른 과학자가 이를 인용해 새로운 논문을 쓴다. 그러므로 논문의 인용 수는 과학자가 쓴 논문을 평가하는 데 매우 중요한 지표가 된다. 인용이 많이 된 논문일수록 흥미롭고 가치가 있다는 뜻이 된다.

내 논문의 인용 수는 많아봤자 20건 정도에 불과하다. 그러나 과학 분야에서 역사적으로 매우 중요한 논문은 인용 수가 500건 이상이 된다. 예를 들어 제임스 왓슨(James Watson)과 프랜시스 크릭(Francis Crick)이 1953년 〈네이처〉에 발표해서 지금은 누구나 알고 있는 DNA의 이중나선구조를 밝혀낸 논문은 인용 수가 무려 11만 143건이나 된다(2015년 12월 기준). 이처럼 논문의 인용 수는 과학자의 가치와 자질을 나타낸다.

닐 홀(Neil Hall)은 2014년 〈게놈 바이올로지Genome Biology〉에 발표한 논문 '카다시안 인덱스(The Kardashian index)'에서 과학자들이 쓴 논문의 총 인용 수와 해당 과학자의 페이스북 친구 수를 비교 검토했다.

그 결과 논문의 총 인용 수가 많은 과학자는 페이스북 친구도 많다는 사실을 밝혀냈다. 다시 말해 높은 평가를 받는 과학자는 친구도 많은 것이다.

홀의 논문이 흥미로운 이유는 페이스북 친구만 많고 논문의 총 인용 수가 적은 과학자는 수상쩍을 수 있다는 주장을 펼쳤기 때문이다. 나 역시 홍보에 바쁜 학자는 수상쩍다고 생각한다.

사실 나도 한때 페이스북에 심하게 빠져든 적이 있다. 하루도 빠지지 않고 매일같이 페이스북을 확인하며 모든 사람에게 '좋아요'를 누르고는 했다. 그리고 내가 올린 글에 '좋아요'가 많이 달린 날에는 기분이 좋아졌다. 그러나 이렇게 매일 확인하다 보니 왠지 허무했다. 역시 SNS는 적당히 하는 것이 바람직하다고 생각한다.

여성 이름의 허리케인이 더 큰 피해를 입힌다?

이제 다시 우리 마음이 상당 부분 무의식의 조종을 받고 있다는 이야기로 돌아가 보자. 다음에 소개할 논문은 우리의 생사까지 무의식의 판단에 좌우된다는 충격적인 사실을 제시해 준다.

무의식적으로 마음에 새긴 생각이 원인이 되어 죽음에까지 이를 수 있다고는 도저히 생각하지 못할 것이다. 사실 타인이 내 죽음을 조작하고 있다고는 믿을 수 없다. 그러나 실제로 그런 일이 있다. 우리는 태풍의 이름에 따라 죽음을 맞이하기도 한다.

2014년 〈미국 국립과학원 회보〉에 일리노이대학의 정기주 연구팀이 매우 흥미로운 논문을 게재했다. '여성 이름이 붙은 허리케인은 남성 이름이 붙은 허리케인에 비해 더 죽음을 초래한다'는 충격적인 내용의 논문이다.

미국에서는 허리케인에 저마다 이름을 붙인다. 2005년 미국 남동부 지역을 덮친 초대형 태풍에는 카트리나라는 여성 이름이 붙었다. 이밖에도 존, 조너선, 캐서린 같은 이름을 붙여 왔다.

그런데 이 논문에서는 사망사고 같은 피해가 남성 이름이 붙은 허리케인이 덮쳤을 때보다 여성 이름이 붙은 허리케인이 덮쳤을 때 더 많이 발생했다는 놀라운 사실을 밝혔다.

연구팀은 1950년부터 2012년까지 약 60년 동안 발생한 모든 허리케인의 사망자 수와 인적 피해를 정밀하게 조사했다. 그리고 남성 이름이 붙은 허리케인으로 발생한 피해와 여성 이름이 붙은 허리케인으로 발생한 피해를 비교했다.

그 결과 여성 이름이 붙은 허리케인이 더 큰 인적 피해와 사망사고를 냈다는 사실을 알아냈다. 더욱 흥미로운 사실은 여성 이름이 붙은 허리케인 중에서도 특히 여성스러운 이름이 붙은 허리케인의 사망자 수가 증가하는 경향을 보였다는 점이다. 즉 다케시보다 메구미라는 이름이 붙은 허리케인의 사망자 수가 더 많았다. 특히 메구미보다 사치코나 하나코 같이 더욱 여성스러운 이름이 붙은 허리케인의 사망자 수가 더 많았다.

연구팀은 여기에서 이러한 가설을 세웠다.

'여성은 온화하고 얌전하며 남성은 거칠고 난폭하다는 선입관이 있기 때문에 남성 이름이 붙은 허리케인이 다가왔을 때 더 경계해 사망사고로 이어질 만한 행동, 예를 들어 강가에 나가는 등의 행동을 자제하므로 사망사고가 줄어들었을 것이다.'

이러한 가설이 맞는지 알아내기 위해 연구팀은 실험을 실시했다. 우선 첫 번째 실험에서는 2014년에 실제로 발생한 허리케인 가운데 남성 이름 5개, 여성 이름 5개를 피험자 346명에게 제시하고 허리케인의 강도를 순전히 감으로 평가하게 했다. 피실험자들은 '매우 강하다'는 7점, '전혀 강하지 않다'는 1점으로 1점에서 7점까지 점수를 매겼다. 그 결과 남성 이름이 붙은 허리케인이 여성 이름이 붙은 허리케인보다 더 높은 점수를 기록했다.

허리케인은 무작위로 이름이 붙여지기 때문에 여성 이름이든 남성 이름이든 강도에는 별 차이가 없다. 그럼에도 불구하고 우리 같은 일반인은 남성 이름이 붙은 허리케인이 더 강력할 것이라고 예상해 버린다. 이는 남성이 여성보다 힘이 세고 난폭하며, 여성은 남성보다 약하고 온화할 것이라는 선입관과 관련이 있는 듯하다. 즉 여성 이름이 붙은 허리케인은 실제 위력보다 약하고 온화한 인상을 준다. 그래서 사람들은 여성 이름이 붙은 허리케인을 실제 위력보다 경시했고, 이는 더 큰 인적 피해로 이어졌을 것이다.

두번째 실험에서는 피험자 108명을 세 가지 조건에 따라 무작위로 나누었다. 실험을 위해 허리케인과 관련된 가상의 시나리오가 준비되었는데, 이때 허리케인의 이름에 세 가지 조건이 붙었다.

첫 번째 조건에서는 태풍의 이름이 남성 이름인 알렉산더(매우 강해 보이는 이름)였으며, 두 번째 조건에서는 허리케인의 이름이 여성 이름인 알렉산드라였다. 마지막 조건에서는 허리케인에 따로 이름을 붙이지 않았다.

피험자는 시나리오를 읽고 허리케인이 상륙한다고 가정했을 때 그 피해가 어느 정도일지에 대해, 1점(피해가 전혀 없음)부터 7점(극심한 피해를 초래함)으로 평가했다.

그 결과 태풍의 이름이 알렉산더일 때는 평균 점수가 4.76점인 데 반해, 태풍의 이름이 알렉산드라일 때는 4.06점까지 떨어졌다. 참고로 태풍의 이름이 없을 때는 4.04점이 나왔다.

불과 0.7점의 차이라고 간과해서는 안 된다. 100명 이상의 피험자에게서 취득한 평균 점수가 1점에 가까운 차이가 날 확률은 수학적으로(통계적으로) 실험을 100번 했을 때 5번 이하로 나타날 만큼 낮은 것으로, 수치상으로 보이는 것보다 차이가 더 크다. 즉 여성 이름을 붙인 허리케인은 그만큼 약하다는 오해를 받은 것이다.

재미있는 점은 미국인도 결코 의식적으로 여성 이름이 붙은 허리케인을 경시하는 것이 아니라는 점이다. 무의식중에 여성 이름이 붙은 허리케인을 가볍게 보았다는 것은 이 논문이 발표되고 난 후에 비로소 드러난 사실이며, 일반 시민은 자각적으로 여성 이름이 붙은 허리케인을 무시하지 않았다. 또한 사람들은 남성 이름이 붙은 허리케인이 왔을 때 무의식적으로 경계 레벨을 높였다. 즉 여성 이름이 붙은 허리케인을 우습게 본 것은 무의식적인 심리 작용인 것이다.

그렇다면 허리케인에 항상 강인해 보이는 남성의 이름을 붙이는 편이 좋다는 뜻이 된다. 일본의 경우 곤잘레스나 갈베스, 엘드리드, 부머, 데스트레이드, 호너, 오반도, 카니사레스, 커우, 애니멀 등 일본 야구계의 조력자가 되어준 외국 선수들의 이름을 차례대로 붙이는 것을 제안하고 싶다.

딴소리이긴 하지만, 공처가라면 여성 이름이 붙은 허리케인도 단단히 경계할지 모르겠다. 소크라테스라면 그의 악처 크산티페의 이름이 붙은 허리케인을 결코 무시하지 않을 것이다.

물론 개인차는 존재한다. 그러나 전체적으로 보았을 때 여성 이름이 붙은 허리케인은 더 많은 사망자를 발생시킨다.

이러한 전체적인 관점이야말로 심리학 연구에서 중요하다. '내게는 해당되지 않는 걸?', '개인적으로 도저히 믿지 못하겠어'라는 의견이 당연히 있겠지만, 인간 전체를 놓고 볼 때 그러한 경향이 있다는 점을 이해하기 바란다.

성공하고 싶다면 의지 대신 무의식을 정비하라

인간은 의지의 힘이 아닌 무의식의 힘에 크게 좌우된다. 자연계 모두가 지니고 있는 무의식의 작용에 비하자면 우리 인간이 지닌 의지력은 정말 보잘것없는지도 모른다. 그렇다면 앞으로 어떻게 살아야 할지가 보이기 시작한다. 의지로 자신의 인생을 바꾸려 하지 말고, 무의식을 정교하게 통제하면 된다.

의지를 강하게 키우기란 매우 어렵다. 따라서 의지에 기대기보다 무의식의 힘에 기대는 것이 현명하다. 무의식을 변화시켜 외부 환경을 조작하는 것이다.

예를 들어 다이어트를 하고 싶은 사람이 그 뜻을 이어나가려면 어떻게 하는 것이 좋을까?

다이어트를 실패하게 만들 법한 외부의 정보를 차단하는 것이 좋은 방법이 된다. 구체적인 예로 텔레비전의 맛집 소개 프로그램은 절대 보지 않는 것이다. 그런 프로그램은 우리의 무의식에 작용해서 '먹어 버려!'라고 유혹한다. 이렇듯 무의식을 형성하는 외부의 자극을 차단해 버리면 설사 의지가 약해져도 다이어트에 성공하기가 훨씬 수월하다.

단식원에 들어가는 것도 좋다. 이는 자신의 의지가 아니라 환경 즉 자신을 둘러싼 외적 조건을 조작하는 좋은 방법이다. 단식원에서는 식욕을 자극하는 텔레비전이나 잡지 등으로부터 자신을 격리시키고, 식욕을 불러일으키는 정보를 최대한 차단할 수 있다. 따라서 단식원에 들어가면 의지가 약한 사람도 성공할 가능성이 크다.

이처럼 의지에 기대지 않고 외적 환경을 조작하는 것이 인생을 보다 성공적으로 이끌 수 있는 좋은 수단이다. 내가 제시할 수 있는 심리학적인 방법은 의지를 키우는 것이 아니라, 무의식을 최대한 스스로 조작하는 것뿐이다. 이것이 심리학이 이끌어낸 최고의 방법, 즉 '무의식을 정비하는 것'이다.

광고가 인간의 무의식에 끼치는 영향

이번 장에서는 인간의 무의식이 얼마나 신비롭고 대단하지 소개하고 있다. 광고 또한 우리의 무의식에 강하게 작용한다. 한번 생각해 보자. 편의점에서 A차가 아니라 B차를 사는 이유는 무엇일까?

우리는 자신의 자유의지에 따라 제품을 선택했다고 굳게 믿는다. 그러나 실제로는 브랜드 이미지, 광고 전략에 우리의 마음이 무의식적으로 조종당하고 있는 것뿐일지도 모른다. 무의식과 광고에 대한 논문 한 편을 소개하며 이야기를 시작해 보자.

당신은 레드불이라는 음료를 알고 있는가? 연배가 있는 분께는 생소한 이름일지 모르지만, 10~20대 젊은이라면 대부분 아는 에너지 음료다. 이를테면 예전에 나온 리게인(Regain)이나 리포비탄D와 비슷한 것으로, 피곤할 때나 밤새 일해야 할 때 마시면 기운이 난다는 상품이다.

그런 레드불이 내세운 광고 슬로건은 '레드불이 날개를 펼쳐줘요(RED BULL GIVE YOU WINGS)'로, 레드불을 마시면 날개가 돋아나듯 힘차게 일할 수 있다는 이미지를 선보였다.

보스턴대학의 애덤 브라셀(Adam Brasel)과 제임스 깁스(James Gips)가 2011년 〈소비자 심리학

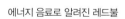

에너지 음료로 알려진 레드불

저널Journal of Consumer Psychology〉에 발표한 논문의 제목은 광고 슬로건을 그대로 따온 '레드불이 날개를 펼쳐줘요, 좋은 쪽으로든 나쁜 쪽으로든; 브랜드 이미지가 소비자의 행동에 초래하는 양날의 검 효과'였다.

논문 제목치고는 상당히 파격적이어서 많은 연구자로부터 주목을 받았다. 나도 그중 한 명이다. 지금부터 이 논문을 통해 브랜드 이미지가 우리의 행동을 무의식중에 변화시키는 사례에 대해 생각해 보고자 한다.

이 논문에서는 피험자에게 마이크로소프트사의 게임기 엑스박스(Xbox)로 카레이싱 게임을 시켰다. 실제 판매되고 있는 'Forza Motorsport 2'라는 게임을 변형해 실험에 이용한 것이다. 이 게임에서는 자동차를 선택할 수 있는데, 피험자에게는 성능이 항상 일정한(속도나 코너링 특성이 동일한) 미니 쿠퍼를 조종하게 했다.

단 실험에 사용된 미니 쿠퍼는 총 다섯 가지 조건으로 분류되었다. 그 조건은 외관을 레드불 이미지로 꾸민 차, 트로피카나 이미지로 꾸민 차, 코카콜라 이미지로 꾸민 차, 기네스맥주 이미지로 꾸민 차, 그리고 아무 이미지 없이 녹색으로 도장한 차였다.

피험자는 이러한 다섯 조건의 미니 쿠퍼를 조종했고, 레이

성능은 동일하지만 외관만 다른 5대의 미니 쿠퍼. (S. Adam Brasel, James Gips (2011) Red Bull "Gives You Wings" for better or worse: A double-edged impact of brand exposure on consumer performance. Journal of Consumer Psychology, 21, 57-64.)

스의 착순은 전부 기록되었다. 피험자가 조종한 쿠퍼 이외의 다른 네 대의 차는 모두 컴퓨터가 마음대로 조작했는데 그 성능은 매번 무작위로 결정되었다. 즉 레이스에는 총 다섯 대의 자동차가 참여했으며, 이들의 실력은 다섯 가지 조건에서 평균적으로 모두 동일했다. 다른 점은 자동차의 외관뿐이었다. 피험자로는 비디오 게임을 해본 경험이 있는 평균연령 21세의 젊은이 70명이 참여했다.

실험에 사용된 네 개의 브랜드(레드불, 기네스, 코카콜라, 트로피카나)에 대해서는 피험자에게 사전에 설문조사를 실시해 각 브랜드에 대한 인상과 친근감을 점수로 표현하게 했다. 예를 들어 피험자들은 "그 상품은 얼마나 공격적이라고 생각하는가? '전혀 공격적이지 않다'(1점)부터 '매우 공격적이다'(7점) 중에 몇 점에 해당하는지 평가하시오"와 같은 항목에 답변했다.

그 결과 네 개 브랜드의 친근감(얼마나 잘 알고 있는가)은 브랜드별로 큰 차이를 보이지 않았다. 한편 레드불은 다른 브랜드에 비해 '에너지가 있다', '빠르다', '강력하다', '공격적이다'라는 항목에서 높은 점수를 받았다.

브라셀과 깁스가 세운 가설은 다음과 같다.

'피험자가 차의 외관으로부터(브랜드 이미지로부터) 영향을 받는다면 브랜드별로 차를 조종하는 방식이 달라질 것이고, 그 결과 게임의 성적(레이스의 착순)이 달라질 것이다.'

과연 실험 결과는 어떻게 나왔을까? 다음의 두 그래프를 보기 바란다. 피험자 70명의 레이스 결과를 착순별로 1위부터 5위까지 나누었을 때의 분포를 나타내고 있다.

레드불 광고로 도장된 차는 위쪽 그래프에 나타난 것처럼

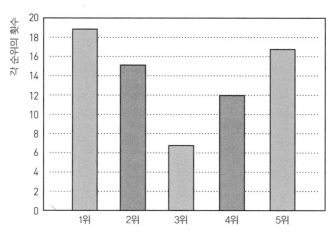

레드불 광고로 도장된 차의 각 순위(1~5위) 합계

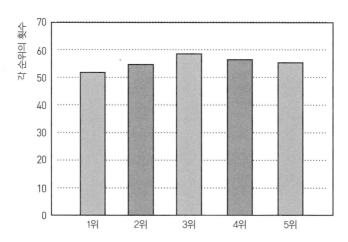

레드불 광고로 도장되지 않은 다른 차의 각 순위(1~5위) 합계(S. Adam Brasel, James Gips (2011) Red Bull "Gives You Wings" for better or worse: A double-edged impact of brand exposure on consumer performance. Journal of Consumer Psychology, 21, 57-64.

중간인 3위가 가장 적고, 1위와 5위가 가장 많았다. 다시 말해 그래프의 형태가 U자형을 이루고 있다. 반면 다른 네 조건의 합계를 기록한 아래쪽 그래프는 이와 정반대로 3위를 기록한 피험자가 가장 많았으며, 1위와 5위를 기록한 피험자가 가장 적었다. 그래프 역시 레드불의 그래프와는 정반대인 역 U자형을 보였다.

즉 브랜드 이미지는 성능이 완전히 동일한 차로 실시한 레이스 결과를 크게 변화시켰다. 레드불 광고로 도장된 차를 조종할 때는 피험자의 성적이 극단화되어 크게 이기거나 크게 지는 일이 벌어졌다. 반면 다른 세 브랜드와 평범한 녹색 차는 성적이 어느 한쪽으로 치우치지 않고 중간을 지켰다. 브랜드 이미지가 피험자의 행동(자동차 조종)을 무의식중에 크게 변화시킨 것이다.

인간의 행동마저 변화시키는 브랜드 이미지

어떻게 이런 결과가 나온 것일까? 생각해 볼 수 있는 가설을 말해 보겠다.

레드불이라는 브랜드는 피험자들에게 다른 브랜드에 비해 좀 더 공격적이고, 빠르고, 강력하고, 에너지가 넘친다는 인상을 주었다. 따라서 레드불 광고로 도장된 자동차에도 그런 이미지가 반영된 것으로 추정된다. 그 결과 피험자가 자동차를 조종할 때 무의식중에 공격적이고, 빠르고, 강력하고, 에너지가 넘치는 태도를 취했을 가능성이 있다.

즉 피험자는 다른 브랜드의 조건에서는 적당한 속도로 정확하게 코너링을 했으나, 레드불의 조건에서는 좀 더 빠르고 과격하게 속도를 내며 코너로 돌진했다고 예상할 수 있다. 이때 우연히 코너링에 성공했을 때는 순위가 올라가고, 코너링을 실패했을 때는 순위가 내려갔다. 좀 더 빠르고 공격적으로 코스를 공략한 결과 성공하면 상위에 오르고, 실패하면 하위로 떨어지는 결과를 낳아 착순의 극단화가 일어난 것이다.

〈마리오 카트〉라는 게임을 예로 들자면 레드불 조건에서는 쿠파(마리오 시리즈의 악당 캐릭터-역주)를 조종하고 있을 때와 같은 기분이 들었을 것이라고 상상할 수 있다. 즉 레드불 이미지로 도장된 미니 쿠퍼를 빠르고 거친 자동차라 굳게 믿고, 실제로도 그런 식으로 조종을 해버린 것이다.

이처럼 브랜드 이미지는 무의식중에 인간의 행동을 변화시켜 버린다. 흥미롭기도 하고 두렵기도 한 사실이다.

샤넬을 걸친 사람은 주위 사람들에게 '저 사람 샤넬을 입고 있어. 유명한 사람인가 봐'라는 생각이 들게 할 뿐만 아니라 알지 못하는 사이에 자신 또한 샤넬이라는 브랜드 이미지에 영향을 받는다. 즉 '지금 나는 샤넬을 입고 있으니 그에 걸맞은 행동을 하자'라고 무의식중에 브랜드 이미지에 부합하는 행동을 하게 되는 것이다.

크롬하츠를 걸친 남성은 무의식중에 '터프하고 남성적인 자신'을 연출하고, 유니클로를 걸친 남성은 알지 못하는 사이에 '캐주얼하고 편안한 자신'을 연출할 가능성이 있다. 이는 곧 브랜드가 자신을 마인드컨트롤하고, 자신의 의지를 뒷받침할 수 있는 수단이 될 수 있음을 의미한다.

남성답지 못한 자신의 모습에 콤플렉스를 느낀다면 남성다워지겠다고 생각만 하지 말고 남성다운 브랜드, 예를 들어 앞서 소개한 크롬하츠 등을 걸쳐 보자. 무의식중에 남성다워질 수 있을 것이다. 마찬가지로 유명인사로서 부끄럽지 않은 말과 행동을 구사하려면 의식만을 바꿀 것이 아니라 유명인들이 즐겨 입는 브랜드로 단단히 무장해 보자. 자신도 모르는 사이에 그 브랜드에 걸맞은 행동을 하게 될 것이다.

평범한 옷차림으로 전철에 탔을 때는 입을 벌린 채 꾸벅꾸벅 졸던 사람도 아르마니 슈트로 무장했을 때는 그런 행동에 무의식적으로 저항감을 느끼게 된다.

말하자면 마음에 작용하는 무의식을 교묘하게 조종해서 무의식을 의식적으로 활용하면 되는 것이다. 무의식의 힘을 활용하면 자신의 의지만으로는 해결할 수 없어 보이는 상황도 극복할 수 있을지 모른다.

태양이 눈부시다는 이유로 사람을 죽일 수 있을까?

"오늘 엄마가 죽었다."

(알베르 카뮈《이방인》의 서두에서)

지금까지 다양한 사례를 통해 무의식의 힘에 대해 살펴 보았다. 아마 당신은 '인간은 정말 자신의 의지에 따라 행동하는 걸까?'라는 의문이 절실하게 다가올 것이다. 자신의 의지에 따라 인생을 개척하는 것이 아니라, 우리를 둘러싼 환경과 하루하루 쌓여 온 날들이 우리의 행동을 자동적으로 형성하는 것은 아닐까.

문학에서는 '인간의 의지나 행동을 자기 자신이 모두 통제할 수는 없다'는 명제가 반복적으로 제시되고 있다. 이러한 명제를 나타낸 명작이 바로 알베르 카뮈의《이방인》이다.

1942년에 출간된 이 소설은 매우 짧고 술술 읽힌다. 카뮈는 그 후 노벨문학상을 수상했으며 《이방인》은 동서양을 막론하고 전 세계 사람들에게 강렬한 인상을 남겼다.

《이방인》의 주인공 뫼르소는 어머니가 사망했다는 소식을 듣고 장례식에 참가하기 위해 양로원이 있는 지역으로 향한다. 뫼르소는 모친의 죽음을 겪고도 크게 동요하지 않고 평소와 다름없는 모습을 보인다. 슬픔에 잠겨 눈물을 흘리는 일도 없이 모친의 죽음을 냉정히 받아들인다. 장례식을 마친 그는 현지의 여성과 섹스를 하며 시간을 보내던 와중에 사소한 다툼에 휘말려 사람을 죽이고 만다. 뫼르소는 살인 동기에 대해 '태양이 너무 눈부셨기 때문'이라는 말만을 남긴다.

이것이 《이방인》의 대략적인 내용으로, 이 작품은 인간의 부조리를 주제로 한 뛰어난 명작이다.

우리는 살인이라는 행위에서조차 자신의 의지를 명확히 밝히지 못하고, 태양이 눈부셨기 때문이라는 이유만으로 사람을 죽일 수 있는 모호한 존재다. 물론 이것은 소설이지만, 우리 마음에 호소하는 절실함은 진실이며 더 이상 허구가 아니다. 실제로 요즘 만연한 살인 중에도 명확한 동기가 없는 경우가 많다. 《이방인》에 나타난 살인을 특수한 경우로

본다 하더라도 우리는 자신의 의지대로 행동을 통제하지 못하고 있다고 느낄 때가 있고, 의지를 넘어선 그 무언가를 느낀 적도 있을 것이다.

예를 들어 보자. 늦은 밤에 참지 못하고 컵라면을 먹는 행동은 더 이상 자신의 의지와는 상관이 없다. 아무리 먹어서는 안 된다고 생각해도 결국 먹어 버린다. 누군가를 좋아하는 것 또한 자신의 의지와는 상관이 없다. 이제는 그 사람을 그만 좋아하라고, 아니 미워하라고 해도 그럴 수가 없는 것이다.

아이다 미쓰오의 시 중에 '사랑해서는 안 될 사람을, 사랑해서 괴로워하는, 이런 나'라는 시가 있다. 의지나 이성만으로 살아갈 수 있다면 세상은 좀 더 살기 편해질 것이고, 베키도 사죄할 일이 생기지 않았을 것이다(일본의 탤런트 베키가 불륜 스캔들 이후 텔레비전에 출연해 눈물로 사죄한 일이 있었다 -역주). 그럴 수가 없기에 아이다 미쓰오도 그런 시를 지은 것이다. 반대로 사랑했던 연인에게서 마음이 떠나가는 것 또한 아무리 애를 써도 막을 수 없다.

인간은 이런 부조리에 휘둘리는 존재다. 컵라면을 끊을 수도 없고, 사랑하는 사람을 미워하거나 더 이상 사랑하지 않는 사람을 계속 사랑할 수도 없다.

뫼르소는 이치에 맞는 살인을 했다

《이방인》이 출간된 지 72년이 지난 2014년, 카뮈의 위대함을 증명하는 듯한 논문이 발표되었다. 이탈리아 키에티-페스카라대학의 다니엘레 마르졸리(Daniele Marzoli) 연구팀이 〈인지와 정서Cognition and Emotion〉에 발표한 논문으로, 인간은 눈이 부시면(태양이 강렬하면) 공격적으로 변한다는 내용이다.

실험 순서가 복잡해 다소 혼란스러울 수 있으나, 이처럼 정형화된 순서가 바로 실험심리학의 재미다. 인내를 갖고 순서를 이해하다 보면 그 흥미로운 결과에 경탄하게 될 것이다.

실험에는 18세부터 40세까지의 피험자 296명이 참가했다. 또 실험 목적을 전혀 모르는 제3자를 실험자로 고용했다. 실험자는 이탈리아의 아드리아 해에 면해 있는 해변을 선글라스를 끼지 않은 채 혹은 선글라스를 끼고 걸어가는 사람(피험자)을 붙잡고, 몇 분 동안 햇살 아래를 걸었는지 구두로 설명해 달라고 했다.

실험자는 무작위로 피험자를 선택했는데, 이렇게 모집하는 과정에는 몇 가지 조건이 있었다. 첫 번째 조건은 남녀가 동수를 이루게 뽑는 것이었고, 두 번째 조건은 성인으로 보이는 사람만을 뽑는 것이었다. 마지막으로 피험자가 걷고 있는 방향이 태양을 마주하고 걷는 경우와 태양을 등지고 걷는 경우가 동수를 이루도록 조절했다. 피험자의 조건은 다음과 같이 총 네 가지가 되었다.

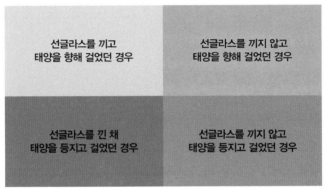

선글라스를 끼고
태양을 향해 걸었던 경우

선글라스를 끼지 않고
태양을 향해 걸었던 경우

선글라스를 낀 채
태양을 등지고 걸었던 경우

선글라스를 끼지 않고
태양을 등지고 걸었던 경우

피험자의 네 가지 조건

실험자는 피험자에게 햇살이 얼마나 눈을 방해했는지를 11점 만점으로 점수를 매기게 했다. 햇살이 너무 강해 눈이 심하게 부셨을 때는 11점에 가까운 점수를, 햇살이 신경 쓰이지 않았다면 1점에 가까운 점수를 주게 했다. 그와 동시에 설문지에도 답변하게 했다. 그 후 그 사람의 개인적인 정보 (연령이나 성별)를 묻고 실험을 종료했다.

실험은 오전 9시 45분부터 11시 15분까지 1시간 반, 오후 4시 반부터 7시까지 2시간 반 동안 실시되었다. 참고 삼아 설명하자면 논문에는 실험을 실시한 시간이나 장소에 대한 정보 등이 세세하게 기록되어 있다. 동일한 실험을 다른 사람이 다른 장소에서 실행할 때 도움이 되길 바라는 마음에서다.

설문조사는 총 13개 항목으로, 0점부터 4점까지 점수를 매기게 되어 있었다. 13개 항목 중 7개는 분노나 공격에 관한 질문이었다. 피험자는 설문조사 전에 일반적인 자신의 성질이 아닌 '현재 상태'에 대해 대답하라고 단단히 주의를 받았다. 그리고 질문 항목이 현재 자신의 상태에 얼마나 해당하는지를 점수로 매기게 했다. 질문은 다음과 같은 것들이었다.

- 그야말로 누군가에게 주먹을 날리고 싶은 심정이다.
- 내 권리를 지키기 위해서라면 폭력을 행사할 것이다.
- 타인을 때릴 만한 이유가 없다고 생각한다.
- 나는 늘 싸움을 잘한다.
- 지금 화가 나 있다.

모두 분노나 폭력에 대해 피험자가 어떠한 태도를 취하고 있는지를 묻는, 상당히 직접적인 질문이었다. 이때 피험자는 선글라스의 유무(2수준), 남녀별(2수준), 태양의 방향(2수준) 등에 따라 여러 그룹으로 분류되었다.

조사 결과, 먼저 남성이 여성보다 공격적인 질문에 대한 점수가 높게 나타났다. 이것은 남성이 여성보다 공격적인 태도를 취할 때가 많다는 기존의 과학적 식견 및 세간의 인식과 일치하며 딱히 새로울 것이 없다.

그 다음으로 선글라스의 유무 효과도 뚜렷하게 나타났다. 선글라스를 낀 그룹이 선글라스를 끼지 않은 그룹보다 공격성 점수가 낮게 나온 것이다.

마지막으로 태양을 향해 걸을 때와 태양을 등지고 걸을 때의 효과 차이는 더욱 뚜렷했다. 즉 태양을 향해 걸을 때가 태양을 등지고 걸을 때보다 공격성과 분노에 대한 질문에서 훨씬 높은 점수를 받았다. 태양이 눈을 얼마나 방해했는지를 묻는 질문에 높은 점수를 준 사람일수록 공격성 점수가 높아지는 경향이 있었다. 즉 실험 결과를 한마디로 정리하면 '태양이 눈부실수록 사람은 공격적이 된다'는 것이다.

다시 말해 인간은 태양이 강하게 내리쬘 때 공격적으로 변하고 분노를 느낄 가능성이 있다. 뫼르소가 살인을 저지르

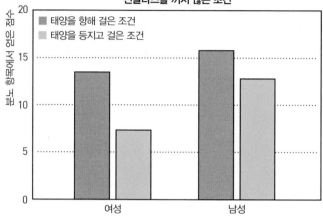

선글라스를 끼지 않은 조건

Y축: 분노 항목에서 얻은 점수

- ■ 태양을 향해 걸은 조건
- ■ 태양을 등지고 걸은 조건

X축: 여성 / 남성

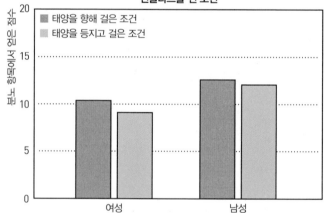

선글라스를 낀 조건

Y축: 분노 항목에서 얻은 점수

- ■ 태양을 향해 걸은 조건
- ■ 태양을 등지고 걸은 조건

X축: 여성 / 남성

태양빛과 인간이 가진 공격성의 상관관계를 조사한 설문조사에서, 선글라스를 끼지 않은 채 태양을 마주 보고 걸은 피험자의 분노 점수가 가장 높게 나타났다.(Daniele Marzoli, Mariagrazia Custodero, Alessandra Pagliara & Luca Tommasi(2013) Sun-induced frowning aggressive feelings. Cognition and Emotion, 27, 1513-1521.

고 나서 '태양이 눈부셨기 때문'이라고 한 말은 부조리하기는커녕 오히려 이치에 맞는 것이었다.

밝은 표정을 지으면 기분도 밝아진다

그렇다면 태양이 눈부실 때 왜 사람은 공격적으로 변하는 것일까? 연구팀은 매우 훌륭한 가설을 세웠다.

한번 생각해보자. 태양이 눈부실 때 우리는 어떤 표정을 짓는가. 아마 눈을 가늘게 뜨고 눈썹을 찌푸리고 볼을 들어 올리는 듯한 표정을 지을 것이다. 그 표정은 화를 낼 때의 표정과 매우 닮았다. 그래서 눈이 부신 듯한 표정을 계속 짓고 있으면 뇌가 착각을 일으켜 '지금 내가 화가 나 있구나'라고 판단해 버린다. 눈이 부실 때 짓는 표정, 즉 '신체반응'은 원래 태양광이라는 물리적 요인에 따른 것이어야 하지만, 늘 착각을 일으키는 우리의 뇌는 '지금 내가 화가 나 있는 게 분명해!'라고 잘못된 판단을 내려 버린다. 그래서 눈이 부실 때 화를 내기 쉽고 공격적이 되는 것이다.

전작인 《세상에서 가장 쉬운 두뇌 심리학》에서도 소개한 예를 다시 들어보겠다.

첫 번째 그룹의 피험자에게는 펜을 입에 물고 입을 양옆으로 벌리게 했다. 다른 그룹의 피험자에게는 미간에 동그라미 모양의 작은 스티커 두 개를 붙이고, 스티커 두 개가 최대한 달라붙도록 눈썹을 찌푸리게 했다. 이러한 상태로 만화를 읽게 하자 펜을 입에 문 그룹은 만화가 훨씬 재미있다고 평가했고, 미간에 붙인 스티커가 서로 붙게 애쓴 그룹은 만화가 재미없다고 평가했다.

이는 펜을 입에 문 그룹의 경우 얼굴이 웃는 얼굴과 유사해지고, 미간에 붙인 스티커를 서로 붙게 하려고 애쓴 그룹은 잔뜩 찌푸린 표정을 짓게 되었기 때문이라고 추정된다. 펜을 입에 물면 입이 양옆으로 벌어져 강제적으로 웃는 표정이 된다. 이때 뇌는 이처럼 웃는 표정을 억지로 만든 원인이 '만화가 재미있기 때문'이라고 착각해 버린다. 이와 마찬가지로 얼굴을 찌푸리고 있으면 뇌는 그 원인이 만화가 재미없기 때문이라고 착각해 버리는 것이다.

억지로 지은 표정이라 할지라도, 더 나아가 자신이 의도적으로 지은 표정이 아니라 할지라도 우리는 표정의 영향을 받아 현재의 기분이나 만화의 재미를 다르게 느껴 버린다. 즉 태양이 눈부시기 때문에 생겨난 표정이 분노했을 때의 표정과 닮았기 때문에 뇌는 '지금 내가 화가 나 있구나!'라고 착각해 버리는 것이다. 우리는 분노조차도 제대로 통제하지 못하고, 눈부신 햇살에 유도당하는 셈이다.

만약 다른 사람에게 화를 내지 않고 늘 기분 좋게 있고 싶다면 의지에 따라 감정을 통제하려 들지 말고 펜을 입에 물고 입을 양옆으로 벌려보라고 말하고 싶다. 그것이 좋은 기분을 유지하는 데 오히려 효과적일지 모른다. 억지로라도 웃는 표정을 지으면 실제로도 기분이 좋아질 것이다. 이렇게 쉽고 간단한 방법이 또 있을까.

인간은 자신의 행동을 스스로 통제할 수 없다. 햇살이 강하다는 이유만으로 공격적이 되어 버린다. 심지어 자각조차 못한 채 말이다. 다시 말해 인간은 환경 속에 방치된 채로 그 안에서 자신의 행동과 의지를 형성한다. 즉 자신을 둘러싼 환경, 가령 태양처럼 당연히 곁에 있는 친숙한 환경이야말로 우리의 행동과 감정을 매일 통제하고 있는 것이다.

자유의지란 애초에 존재하지 않는가?

지금까지 의지와 무의식에 대한 이야기를 해 보았다. 그렇다면 의지란 과연 무엇일까? 마지막으로 자유의지에 대해 심리학에서 제시한 놀라운 가설을 소개하고자 한다. 우선 당신도 간단한 실험을 해 보기 바란다.

잠시 읽기를 멈추고 자신의 오른손을 원하는 타이밍에 들어 보자. 지금 당장 올려도 되고, 20초 후에 올려도 된다. 물론 당신에게 그럴 의지가 없다면 들지 않아도 된다. 몇 분 동안 자유롭게 손을 들어보기 바란다. 시작!

이제 그만!

자, 지금 당신이 손을 든 것은 당신의 의지에 따른 것인가? 물론 내가 부탁하기는 했지만, 싫으면 손을 들지 않아도 되는 상황에서 굳이 손을 든 것을 자신의 의지라고 생각해도 될까?

아마 당신은 그래도 자신의 의지로 손을 들었다고 생각할 것이다. 하지만 과연 당신에게 정말로 의지가 있었을까? 우리는 정말 자신의 행동을 의지에 따라 통제하고 있는 걸까?

의지에는 한 가지 모순이 존재한다. 당신에게 오른손을 들 의지가 있었다고 하자. 이는 오른손을 들 의지를 갖기 전에 '그 의지를 갖자'라는 의지를 가졌다는 뜻이 된다. 그렇게 하려면 그 전에 '그러한 의지를 갖자'라고 하는 의지를 갖자는 의지를 가져야만 한다. 즉 '그 의지를 갖자고 하는 의지를 갖자고 하는 의지를 갖자고 하는 의지를……'과 같은 상태가 되어 버린다.

다시 말해 의지를 갖기 위해 의지를 가질 필요가 있고, 그러면 의지를 갖는 주체는 무한히 후퇴해 버리는 것이다. 이처럼 의지를 갖는다는 것 자체가 커다란 모순을 내포하고 있다. 아무리 거슬러 올라가도 의지를 갖는 주체를 발견할 수 없는 것이다.

'그건 궤변 아니야? 말장난으로 독자를 속이고 있는 거 아니야?'라고 생각하는가? 하지만 이것이 정말 궤변일까? 최종적인 답은 결국 당신이 결정하는 것이지만, 오늘만큼은 이 이야기를 좀 더 깊이 생각해 보기 바란다.

인간의 의지를 부정하는 놀라운 실험

인간의 자유의지에 대해 매우 훌륭한 연구를 보여온 학자가 있다. 1916년에 태어나 시카고대학 의학부에서 공부한 후 캘리포니아대학의 생리학·신경학 교수가 된 벤저민 리벳(Benjamin Libet)이다. 나는 그가 심리학계에서 코페르니쿠스, 다윈, 아인슈타인에 뒤지지 않을 만큼 중요한 인물이라 생각한다. 그런 리벳이 매우 흥미로운 실험을 했다. 그 실험에 대해 살펴보자.

리벳은 피험자를 의자에 가만히 앉아 있게 한 다음 원하는 타이밍에 손목을 굽히라는 과제를 주었다. 그러나 너무 오랫동안 손목을 굽히지 않는 피험자가 있으면 곤란하므로, 한 번의 실험을 6초 이내로 제한했다. 즉 피험자는 6초 사이에 언제든지 손목을 굽힐 수 있었다. 물론 원하지 않으면 굽히지 않을 자유도 있었다.

이때 피험자의 눈앞에는 시계처럼 생긴 물건이 놓여 있었다. 그것은 오실로스코프(oscilloscope)라는 것으로 화면에 빛의 깜박임이 나타나는 텔레비전 같은 기구다. 이 오실로스코프 안에서는 시곗바늘 대신 광점이 원주 위를 빙글빙글 돈다. 일반적인 시계는 초침이 60초에 한 바퀴를 돌지만, 이 특별한 시계는 광점이 불과 2.56초 만에 한 바퀴를 돈다.

피험자는 손목을 굽히려는 의지를 갖는 순간 광점이 어디에 놓였는지를 정확히 기억하도록 지시받았다. 곧바로 따라할 수 없을 만큼 어려운 과제이므로 피험자는 과제를 확실히 수행할 수 있게 될 때까지 연습을 반복했다.

미리 말해두지만 심리실험에서 피험자가 사람일 경우 거의 대부분이 성실하게 실험에 참여한다. 거짓을 말하거나 적당히 대답하거나 멋대로 행동하는 일이 없다. 리벳의 실험에서도 틀림없이 피험자가 성실하게 과제를 수행했을 것이라 생각한다. 따라서 실험의 정확성은 의심할 여지가 거의 없다는 점을 이해하기 바란다.

리벳은 과제를 수행 중인 피험자의 두피에 전극을 붙여 뇌파를 함께 측정했다. 이른바 뇌파계라는 장치를 사용한 것이다. 뇌의 두정부에서는 신체 운동과 관련된 뇌파를 계측할 수 있다. 리벳의 실험에서 이 부위는 손목을 움직이기 전후에 실제로 활동했으며, 그것이 뇌파로 나타났다. 운동을 관장하는 뇌파는 실제로 팔이나 다리가 움직이기 시작할 때, 그보다 조금 먼저 나오기 시작하는 것으로 알려져 있다. 이를 '준비전위(readiness potential)'라고 한다.

리벳은 뇌파를 측정해 피험자가 손목을 굽힐 때 준비전위가 얼마나 먼저 나왔는지를 조사했다. 그 결과 손목이 움직이기 시작한 순간보다 550밀리초(약 0.5초) 전에 준비전위가 나왔다는 사실을 알 수 있었다.

뇌가 손목에 지령을 보낸 뒤 실제로 손이 움직이는 일련의 순서는 직감에 따른 것이다. 따라서 뇌파가 실제 운동보다 먼저 발생하는 것은 전혀 놀랄 일이 아니다. 그렇다면 손목을 움직이려는 의지를 가진 것은 언제였을까?

앞서 소개한 광점이 빙글빙글 돌아가는 시계가 이를 밝히는 데 도움을 줄 것이다. 피험자는 의지를 가진 순간의 광점의 위치를 정확히 기억해 두었다가, 손목을 굽힌 후에 리벳에게 구두로 보고했다. 그 보고를 바탕으로 리벳은 피험자가 의지를 가진 순간을 측정했다.

자, 지금까지의 내용을 다시 정리해 보자. 이 실험에서 시간을 측정할 수 있는(시간을 알 수 있는) 순간은 모두 세 가지다. 준비전위가 나오기 시작한 순간, 손목이 실제로 움직인 순간, 손목을 움직이려는 의지를 가진 순간이다.

중요한 것은 이 세 가지의 순서다. 만약 우리의 행동이 자유의지에 기반을 두고 있다면 세 가지 순간은 다음과 같은 순서로 이루어져야 할 것이다.

우리가 생각하는 올바른 순서

즉 의지를 가진 뒤 준비전위가 발생하고 실제로 손목이 움직이는 것이 우리가 생각하는 올바른 순서일 것이다. 말을 좀 더 보충하자면 의지가 가장 먼저 형성되고, 의지를 바탕으로 뇌가 움직이기 시작하고, 뇌의 움직임에 따라 손이 움직이는 것이다.

그러나 실제로 계측된 순서는 우리의 생각과 달랐다. 실제로는 가장 먼저 준비전위가 발생하고, 그 다음으로 의지가 형성되며, 마지막으로 손목이 움직이는 순이었다.

광점을 이용해 피험자가 의지를 가진 순간을 측정한 결과, 실제 손목이 움직이기 시작한 순간보다 200밀리초 정도 앞섰다. 앞서 말했듯이 준비전위는 손목의 움직임보다 550밀

실제로 계측된 순서

리초 앞서 있었다. 550에서 200을 빼면 350이므로, 의지가 형성되는 순간보다 350밀리초 정도 전에 준비전위가 나오기 시작했다는 뜻이 된다.

즉 뇌가 무의식적으로 움직이기 시작한 다음 움직이려고 하는 의지가 형성되며, 마지막으로 손목이 실제로 움직이는 것이 물리적으로 올바른 순서다. 의지가 형성되기도 전에 뇌가 먼저 움직이는 것이다. 의지를 바탕으로 뇌가 움직이는 것이 아니다. 뇌가 먼저 움직인 다음 의지가 그 뒤를 쫓아오는 것이다.

상식을 뒤집는 발견이라 아마 쉽게 믿을 수 없을 것이다. 리벳 역시 몇 번이나 동일한 실험을 반복하며 잘못이 없었는지 세세히 살폈다. 그런데도 결과는 달라지지 않았다. 리벳 이외의 많은 과학자 또한 동일한 실험을 반복해서 실시했다(과학용어로 이를 '추시'라고 한다). 추시가 성공하자 리벳의 실험 결과는 더욱 확고해졌고, 학회 안에 널리 퍼져나갔다.

그 후 기술이 발전해 리벳이 사용한 장치보다 훨씬 정교한 계측이 가능해졌고, 더 정확한 추시를 할 수 있게 되었다. 그러한 정교한 장치로 실험을 반복해 보아도 역시 준비전위가 의지보다 먼저 나왔다. 일부 학자들은 여전히 의심의 눈길로 비판했지만, 리벳의 실험 결과는 뒤집히지 않았다.

우리는 그동안 뇌에서 먼저 의지를 만들고, 그 의지에 따라 행동을 계획하고, 뇌가 명령을 보내 신체를 움직이는 것이 올바른 순서라고 생각했다. 그러나 그것은 완전히 잘못된 생각이었다.

우리의 행동은 뇌가 외부의 정보를 수집해서 형성한다. 그리고 그로부터 0.3초가 지난 후에 몸을 움직이려는 의지가 형성된다. 즉 의지의 형성은 이미 때늦은 것으로, 의미가 없다. 의지가 행동을 결정하는 것이 아니다. 의지는 행동의 뒤를 따른다. 말하자면 자신을 행위의 주체라고 생각하게 하기 위한 착각, 오해에 불과한 것이다.

이것으로 의지의 주체가 무한히 후퇴하는 수수께끼가 모두 풀린다. 의지는 착각인 것이다. 인간은 의지를 갖고 있다고 생각하지만, 실제로는 행동의 주체로서의 의지를 갖고 있지 않다. 자유의지 같은 것은 전혀 없는 것이다.

모든 것은 사전에 결정되어 있다

당신은 이 점에 대해 어떻게 생각하는가? 자유의지가 없다면 인생은 무의미하다고 생각할까? 아니면 여전히 자신의 행동을 결정하고 있는 것은 자신의 의지라고 생각할까? 개인의 생각은 저마다 다를 수 있고, 리벳의 실험이 절대적으로 옳다고 단언할 수도 없다.

내가 전하고 싶은 것은 의지 자체가 심리학계에서는 매우 위태로운 것에 불과하다는 사실이다. 의지는 애초에 존재하지 않을 수도 있다. 따라서 나는 과학자의 입장에서 '의지를 바탕으로 행동을 선택한다'거나 '의지를 굳건히 한다'거나 '의지가 약해서 살을 뺄 수가 없다'는 식의 말에 매우 회의적이다.

리벳의 이야기로 돌아가 보자. 리벳이 이처럼 놀라운 발견을 했음에도 어째서 세간에 널리 알려지지 않았을까? 그 원인으로 충격이 너무 심하다는 것과 직감을 심하게 거스르고 있다는 점을 지적할 수 있다. 너무 엉뚱한 이야기라 믿어 주는 사람도 많지 않았을 것이다. 다만 심리학자들 사이에서 이 사실이 매우 중요하게 받아들여지고 있을 뿐이다.

의지를 가진 시점에서 행동은 이미 결정이 끝난 상태다. 의지의 힘으로는 행동을 바꿀 수 없으며, 행동은 의지와 상관없이 이미 정해져 있다. 의지는 행동의 뒤를 쫓아가는 착각으로 실제적인 역할을 전혀 하지 않는다. 결국 인간의 자유의지란 '행동의 주체는 자신'이라는 착각에 불과하다. 의지란 마약과 같은 것으로, 진실을 교묘하게 감춰버리는 위험한 약물일지 모른다.

인간에게는 자유의지란 것이 없고 모든 것은 이미 사전에 결정되어 있다는 이 놀라운 가설을 독자 여러분은 어떻게 생각할까?

낙엽이 떨어질 때 그 낙엽은 스스로 떨어지는 것이 아니다. 우리는 그렇게 생각한다. 미모사를 건드렸을 때 잎이 오므라드는 것은 미모사가 잎을 움직이고 싶어 해서가 아니다. 이 사실 또한 우리는 알고 있다.

플라나리아가 어두운 곳을 찾는 것은 의지에 따른 행동일까? 고양이가 얼굴을 씻는 것은 의지를 기반으로 한 행동일까? 친구가 집에 놀러와 주는 것은 친구의 자유로운 의지에 바탕을 두고 있을까? 당신이 이 책을 읽고 있는 것은 과연 당신의 자유의지일까? 단지 환경의 작용에 따라 잎이 오므라드는 미모사처럼, 책이 놓여 있었기 때문에 읽고 있는 것은 아닐까?

구름은 자유롭게 모양을 바꾼다. 적란운이나 권적운은 사람의 마음처럼 다양한 모습을 보여준다. 그러나 그것은 해수온, 기온, 편서풍 등 다양한 물리적 요인에 따라 전 세계적으로 자연스럽게 결정되는 것이며, 구름 자신이 그런 모양을 만들고 싶다고 생각하는 것은 아니다. 다양한 환경 요인이 상호작용한 귀결로서 구름의 모양이 결정되는 것이다.

인간의 마음 또한 다양한 환경적 요인의 귀결이 아닐까? 우리가 짓는 우는 표정이나 웃는 표정도 권적운이나 적란운과 마찬가지로, 복잡하게 얽힌 환경의 상호작용에 따라 필연적으로 발생하는 '사전에 결정된 것'일지 모른다.

이제는 첨단 컴퓨터 시뮬레이션을 통해 1년 동안의 구름의 모습을 정확히 예측하는 것이 가능해졌다. 인간의 마음에는 구름 이상으로 복잡한 요소가 얽혀 있다. 그러나 언젠가는 인간의 마음 또한 예측이 가능해질지 모른다. 그 사람을 둘러싼 환경요인을 총망라해 컴퓨터에 입력하면 미래의 모든 행동을 예상할 수 있을지도 모른다. 나는 그런 날이 올 수 있다고 진심으로 생각한다.

어린 시절 〈심시티〉라는 게임을 좋아했었다. 가상의 도시를 만들고, 그 도시의 인구를 증가시키는 게임이다. 심시티에 있어 신이란 그 게임을 플레이하는 자신이다. 어린 시절에는 내가 지구라는 심시티 안에 사는 주민이 아닐까 하는 생각에 불안해하곤 했다. 지금까지도 우리 인간이 신에게 장대한 실험을 당하고 있는 것뿐인 게 아닌지 의심이 들 때가 있다.

과거로의 시간여행이 불가능한 이유

타임머신의 역설 중에 '부모 살해의 역설'이라는 것이 있다. 타임머신을 타고 자신이 태어나기 전으로 돌아가서 자신의 부모를 죽이면 자신은 이 세상에 태어나지 않는다. 그렇게 되면 과거로 돌아갔던 자신의 존재가 사라져 버린다. 그렇다면 부모를 죽이는 일도 불가능해진다는 역설이다.

SF영화 〈백 투 더 퓨처〉에서는 이러한 역설을 주축으로, 과거로 돌아간 주인공을 보고 당시 20대였던 주인공의 어머니가 반하는 바람에 주인공의 존재가 서서히 사라진다는 스토리가 전개된다.

갑자기 왜 아무런 관계도 없는 이야기를 하느냐고 묻고 싶은가. 자유의지는 없다는, 즉 세상의 모든 것은 이미 사전에 정해져 있다고 하는 결정론이 부모 살해의 역설을 해결해 주기 때문이다. 모든 것은 이미 결정되어 있기 때문에 과거를 바꿀 수 있다는 전제 자체가 잘못된 것이다.

반대로 미래로의 타임슬립은 그 자체가 이미 결정되어 있는 것이라 생각하면 결정론에 어긋나지 않는다. 이와 마찬가지로, 결정론이 이 세계의 절대적인 법칙이라면 과거로의 시간여행은 절대로 불가능하다는 결론이 논리적으로 맞게 되는 것이다.

아인슈타인의 상대성이론에서는 미래로의 시간여행이 논리적으로 가능하다. 구체적으로는 광속에 가까운 속도로 이동해 미래로 갈 수 있다. 또는 엄청난 중력 하에서 시간을 보내도 미래로 갈 수 있다는 것이 과학적으로 증명되어 있다. 예를 들어 블랙홀 부근을 빙글빙글 돈다면 아득히 먼 미래로 갈 수 있는 것이다.

반면 상대성이론에서 과거로의 타임슬립은 증명되지 않았다. 오히려 현재까지 내려진 결론으로는 그것이 불가능하다고 여겨진다. 이는 어쩌면 세상 모든 일이 사전에 결정되어 있다고 하는 결정론이 옳다는 것을 시사하고 있는 것일지도 모른다.

자, 지금까지 놀라운 가설을 소개해 보았는데 여러분은 어떻게 생각하는가? 여우에게 홀린 것 같은 느낌인가? 나 또한 처음 이 이야기를 들었을 때는 뭐가 뭔지 알 수 없는 멍한 기분이었다. 그러나 이 가설에서 서서히 심리학의 압도적인 매력을 느끼기 시작했다. 심리학의 매력이란 바로 이런 부분에 있다. 잘못된 믿음이나 착각이 아니라 최대한 과학적인 데이터를 통해 검증함으로써 놀라운 진실에 도달하는 것. 이러한 심리학의 매력이 지금까지 이 책을 읽은 여러분에게 조금이라도 전해진다면 정말 기쁠 것이다.

　※이번 장의 마지막 항목인 '과거로의 시간여행이 불가능한 이유'는 그저 하나의 이야기로 즐겨주시기 바란다. 과학적 근거가 빈약한 가설이므로 재미있는 이야기를 듣는다고 생각해 주시면 감사하겠다.

Chapter 10

심리학은
과학이 아니다?
—재현율이 낮은 심리실험

재현이 불가능하다면 과학이 아니다

　　　　　　　　　　　　　　과학 논문에는 어떤 보편적인 사실이 증명되어 있다. 완전히 동일한 순서로 추시한다면 반드시 동일한 결과가 도출된다. 이러한 재현성이 있어야만 비로소 과학적으로 적합한 사실이라고 인정을 받는다.

예를 들어 중학교에서 배우는 실험 중에 과산화수소수와 이산화망가니즈를 섞어 산소를 발생시키는 실험이 있다. 화학식을 쓰면 $2H_2O_2 \rightarrow 2H_2O + O_2$다.

이 과학식에 표현된 과학적 사실은 전 세계 어디서 누가 언제 실행하든지 동일하게 재현된다. 이러한 재현성을 가져야만 과학적으로 보편적인 진실이라고 말할 수 있다.

물론 비커에 다른 실험에 사용했던 어떤 약제가 달라붙어 있던 탓에 결과가 달라지는 일도 분명히 있다. 그래서 과학 실험을 할 때는 비커에 붙은 오염물질 등 생각해 볼 수 있는 문제 요소(잉여변수)를 최대한 배제해야 한다. 이상적인 상태에서 실험을 하면 누구나 추시하는 데 성공한다.

2014년에는 'STAP세포(Stimulus-Triggered Acquisition of Pluripotency cells)'가 과학계의 화제로 떠올랐다. 그러나 STAP세포는 제3자가 동일한 과정으로 실험한 결과 단 한 번도 재현에 성공하지 못했다. 보고자 본인이 요령이 필요하다고 주장하며 직접 추시에 나섰지만 결국 재현하지 못했다. 그래서 과학적으로는 STAP세포가 존재하지 않는다고 잠정적으로 인정되었으며, 그 존재가 날조되었다는 결론이 내려졌다. 이처럼 재현 가능 여부는 과학이 과학으로 존재하기 위한 필수 조건인 셈이다.

39퍼센트밖에 재현하지 못한 심리학 실험

2015년 8월, 과학 저널리스트 존 보하논(John Bohannon)이 집필한 엄청난 논문이 〈사이언스〉에 게재되었다. 심리학 분야의 가장 대표적인 잡지에 게재된 실험 100개를 제3자가 추시한 결과, 재현에 성공한 실험이 전체의 39퍼센트밖에 되지 않았다는 놀라운 보고였다.

2008년 3대 심리학 학술지인 〈심리과학〉, 〈성격 및 사회심리학지〉, 〈실험사회심리학저널〉에 게재된 놀라운 심리실험을 100개 선정한 다음, 전 세계 심리학자 가운데 자원봉사자 270명을 모집하여 추시를 실시했다. 그 결과 변함없이 동일한 결과를 얻을 수 있었던 실험은 39퍼센트밖에 되지 않았다. 이 논문에 소개된 '추시에 실패한 실험' 가운데 한 가지를 간단히 설명하자면 이렇다.

어떤 그림과 그와 동일한 카테고리에 속한 다른 사물의 명칭을 동시에 제시한 다음, 그림으로 나온 물체의 명칭을 답하게 하는 과제를 실시했다. 가령 대포 그림 아래에 '권총'이라는 글자가, 눈 그림 아래에는 '발목'이라는 글자가 제시되는 식이었다.

원래 실험자는 그림의 명칭을 '대포', '눈'이라고 올바르게 대답하기까지 걸린 시간이 글씨를 함께 제시하지 않았을

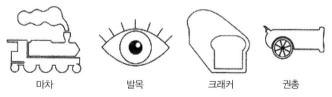

마차　　　　　발목　　　　　크래커　　　　권총

재현에 실패한 실험의 사례(John Bohannon (2015) Many psychology papers fail replication test. An effort to repeat 100 studies yields sobering results, but many researchers are positive about the process. Science, 349, 910-911.)

때에 비해 유의미하게 길었다고 보고했다. 그러나 보하논이 의뢰한 제3의 심리학자가 이 실험을 재현한 결과 동일한 결과를 얻을 수 없었다.

그렇다면 학술지에 게재된 심리실험의 60퍼센트는 날조된 것이었을까?

대부분의 심리학자는 이 보고에 대해 놀라움을 표시하기는 했지만, 그와 동시에 '뭐, 그럴 수도 있지'라는 생각을 한 모양이다. 이 논문이 나온 뒤 SNS나 직접 대면하는 자리를 통해 많은 심리학자에게 그에 대한 의견을 물어 보았는데, 그들의 반응을 한마디로 표현하자면 '놀라기는 했지만, 결국 그런 게 아닐까 생각했다'였다.

심리학자들은 동업자의 60퍼센트가 날조를 저질렀다고 인정한 것일까? 그렇지는 않다. 나도 그들이 실험을 날조했다고는 생각하지 않는다. 오히려 2008년에 논문을 발표한 저자들은 성실히 실험에 임했을 것이라 믿는다. 그리고 열심히 했음에도 그 실험들의 재현성은 40퍼센트가 채 되지 않았을 것이다. 내 주위에 있는 심리학자들도 나와 같은 생각이었다.

'날조가 아니더라도 재현할 수 없다.'

여기에 심리학의 커다란 한계, 심리학이 완전한 과학이 될

수 없는 성질이 있다는 것을 우리 심리학자들은 자각하고
있다.

심리실험은 왜 재현율이 낮을까?

심리실험의 재현성이 낮은
이유로 먼저 실험 대상이 인간이라는 점을 들 수 있다. 인간
에게는 어마어마한 개인차가 존재한다. 예를 들어 10킬로미
터를 뛰게 한 다음 2시간에 걸쳐 심박수의 변화를 측정하는
실험을 한다고 가정해 보자.

나처럼 운동이 부족한 사람과 다카하시 나오코처럼 마라
톤에서 금메달을 딴 사람 사이에는 큰 차이가 나타날 수밖
에 없다. 이러한 차이는 동물로 실험을 할 때 발생하는 개체
차와는 비교할 수 없을 만큼 크다.

세계적으로 우수한 하버드대학생 100명을 모아 인지능력
을 측정한 결과와 듣도 보도 못한 어느 나라의 중하위권 대
학의 일반적인 학생 100명의 인지능력을 조사한 결과가 동
일할 수 없다는 것은 쉽게 예상할 수 있을 것이다.

일본 여대에서 100명의 학생에게 인기 배우인 무카이 오
사무와 아카니시 진 가운데 누구를 더 좋아하냐고 묻는 심

리실험을 한 결과 무카이 오사무가 70표, 아카니시 진이 30표가 나왔다고 가정해 보자.

이 실험을 미국 어딘가에 있는 대학에서 실시했을 때 동일한 결과가 나올까? 아프리카의 대학에서 실시한다면 어떨까? 굳이 미국이나 아프리카까지 갈 것 없이 체육을 전공하는 여대생 100명을 대상으로 실시했을 때 과연 동일한 결과를 얻을 수 있을까? 예전에 〈그렇구나! 더 월드〉라는 방송에서 이와 비슷한 실험을 실시한 적이 있었다. 말하자면 장소를 바꾸면 인기 있는 남성이 바뀐다는 사실을 교묘하게 이용한 기획이었다고 할 수 있다.

내가 하고 싶은 말은 심리실험은 문화, 성별, 연령, 성장내력 등 수많은 잉여변수의 영향을 받는다는 것이다. 실험자가 실험을 할 때는 자기 주변에서 피험자가 되어 줄 극히 일부의 사람만 실험에 참가시킬 수밖에 없다. 따라서 피험자가 바뀌면 결과 또한 크게 달라지는 경우가 많은 것이다. 심리학 실험의 재현성이 낮은 것은 '샘플링 편향'이라 불리는 이런 문제와 크게 관련되어 있다.

샘플링 편향을 해결하려면 피험자의 수를 천 명 혹은 만 명으로 늘려야 한다. 그만큼의 평균치를 구한다면 충분히 인간의 특성을 반영했다고 말할 수 있을 것이다. 그러나 실제로는 그런 대규모 실험이 불가능하다. 가능하다 하더라도 실제로 그런 연구는 극소수의 일류 심리학자들만 할 수 있다. 지금의 심리학은 이 점을 그저 묵인하고 있다.

심리학자들의 이런 태도를 정면으로 비판하고 나선 것이 바로 〈사이언스〉에 개재된 이 논문이다. 이 논문에 대해 대다수의 심리학자들은 '이미 알고 있었지만 개선하기도 쉽지 않다고! 그러니 그렇게 대단한 일을 해낸 것마냥 비판을 해오면 곤란해'라는 반응을 보였다.

물론 심리학이 다른 과학 분야처럼 발전하려면 반드시 이 문제를 해결해야만 한다. 그 방법으로 충분한 피험자를 확보해 재현성이 높은 실험만을 논문으로 채택할 수도 있다. 그러나 정말 그렇게 해버리면 전 세계 심리학자 대부분이 논문을 발표할 수 없게 되어 심리학자의 존재 자체가 무의미해질 것이다.

실험자의 긍정적 편향

심리학의 재현성이 낮은 또 다른 이유는 실험자의 긍정적 편향(positive bias) 때문이다. 심리실험의 실험자는 대부분 그 실험의 발안자 혹은 관계자다. 따라서 실험자는 '틀림없이 어떤 효과가 있을 거야'라는 생각으로 실험에 임한다.

예를 들어 어떤 약을 먹은 직후에 수학시험 성적이 향상한다는 가설을 세우고 실험할 경우, 그 실험자는 약이 분명히 효과가 있을 것이라는 기대 하에 피험자를 대한다. 약이 아무런 효과도 없을 것이라는 부정적인 생각을 갖고 실험하는 경우는 없다.

이렇게 실험자가 긍정적인 믿음을 갖고 피험자를 대하면 피험자는 무의식중에 실험자의 의도를 알아차려 실험자가 원하는 반응을 보인다고 알려져 있다. 즉 피험자는 실험 중에 무의식적으로 '실험자는 약을 먹으면 수학을 잘할 수 있게 된다고 여기니 좀 더 열심히 풀어야만 해!'라고 생각해 버리는 것이다. 결국 피험자는 의식적이든 무의식적이든 그런 편향 하에서 과제를 수행하게 된다.

이처럼 실험자의 긍정적 편향 때문에 결과가 왜곡되어 버린다. 게다가 이러한 긍정적 편향은 실험자와 피험자 모두에게서 무의식적으로 발동되므로 의식적으로 배제할 수도 없다.

한 가지 알아야 할 것은 원래 효과가 전혀 없거나 차이가 나지 않는 경우에는 아무리 긍정적 편향이 존재한다 하더라도 그것이 실험 결과에 영향을 미치지 않는다는 점이다. 굳이 설명하자면 긍정적 편향은 어떠한 효과를 강조하는 효과가 있다고 볼 수 있다. 따라서 동일한 수준의 피험자를 사용할 경우 긍정적 편향이 있는 쪽이 그렇지 않은 쪽보다 어떤 차이나 효과가 나타나기 쉽다. 어떤 효과가 전혀 없는데도 긍정적 편향으로 그러한 효과를 무리하게 이끌어내는 사례는 날조와 다를 바 없다고 생각한다.

앞서 소개한 논문에서 추시에 자발적으로 참여한 심리학자 270명은 아마도 긍정적 편향 없이 실험을 진행했을 것이다. 실험의 재현성 여부 자체를 검토하는 실험이었으므로, 틀림없이 재현될 것이라는 성급한 믿음 없이 중립적인 태도를 지켰을 것이다. 따라서 원래 실험과 동일한 수준의 인원을 피험자로 사용했을 경우, 효과가 쉽게 나타나지 않았을 거라는 것을 상상할 수 있다.

심리학자 가운데 일부는 이러한 긍정적 편향의 결여 때문에 재현성이 39퍼센트밖에 되지 않았다고 생각하고 있다. 긍정적 편향의 결여는 재현에 실패한 61퍼센트의 실험이 애초에 날조된 것이었다고 생각하지 못하는 이유이기도 하다.

심리학은 샘플링 편향과 긍정적 편향이라는 불완전성을 불가피하게 내포하고 있다. 이처럼 수정 불가능한 불완전성이 존재하기에 심리학은 제대로 된 과학으로 인정받지 못한 채 수상쩍은 냄새를 풍길 수밖에 없다. 우리 심리학자들은 심리학이 불가피하게 지닌 이런 문제를 충분히 자각하고 있다.

긍정적 편향을 완전하게 배제하려면 실험 목적에 대해 전혀 모르는 제3자를 실험자로 고용한 후 실험 과정을 완벽하게 이해시키고, 그러한 대리 실험자나 실험의 발안자와는 아무런 이해관계가 없는 인물을 피험자로 참가시켜야 한다.

그러나 여기에도 문제는 있다. 실험 과정을 이해시키는 단계에서 실험 발안자와 대리 실험자가 접촉을 하게 되는데, 그 시점에서 발안자가 지닌 긍정적 편향이 대리 실험자에게 전해질 수 있다는 점이다. 그러면 마치 말 전하기 게임처럼 처음 선발된 대리 실험자가 또 다른 제3자에게 실험 과정을 전달할 수밖에 없다. 이런 식으로 하다 보면 결국 같은 과정이 무한히 반복될 것이다.

게다가 조금 현실적인 문제로, 실험자와 피험자 모두 제3자를 준비하려면 그들을 고용하는 비용이 필요하다. 그러면 연구비가 부족한 연구실에서는 실험을 전혀 할 수 없게 된다. 이는 일본 대학에 있는 심리학자 가운데 60~70퍼센트는 실험을 포기하라는 말과 같다.

심리학 논문을 그대로 믿지 마라

　　　　　　　　　　　　　이처럼 완전한 과학이 될 수 없는 심리학의 문제점에 대해 의외로 심리학자는 자각적으로 대응해 왔다. 바로 심리학 논문을 있는 그대로 받아들이지 않는 태도를 취하는 것이다.

　나도 대학원 시절 지도교수로부터 '데이터를 믿을지 말지의 여부는 결국 스스로 결정해야 한다'는 말을 들었다. 심리학이 다른 과학 분야에 비해 재현성이 낮다는 구조적 결함을 그대로 받아들이고, 그러한 상황에서 무엇을 믿고 무엇을 믿지 않을 것인지를 스스로 결정하라고 지도받은 것이다. 심리학자에게는 과학에는 어울리지 않는, 글로 남길 수 없는 이런 문화가 이어져 내려왔다.

　물론 '그런 시대는 이제 끝내야 해. 심리학을 과학으로 끌어올리자고! 피험자는 적어도 수백 명에서 수천 명으로 하고, 실험자나 피험자도 제3자로 하는 것을 원칙으로 삼는 거야. 심리학이 과학으로 인정받으려면 이제라도 다른 시대를 열어야 해!'라는 주장도 들려온다.

　실제로 세계적인 대학이나 연구소에 근무하는 일류 심리학자나 자금을 걱정할 필요가 없는 연구소에서 일하는 분 중에는 그런 의견을 내는 사람도 많은 듯하다. 물론 그 의견은 누가 들어도 합당하다. 심리학자의 올바른 자세가 바로 거기에 있다는 것도 충분히 알고 있다.

그러나 한편에서는 '이처럼 수상쩍은 부분이 심리학의 장점이야. 난 평생 이런 점들을 마주하겠어'라고 주장하는 이도 있다. 심리학자라고 해서 모두가 한목소리를 내는 것은 아니다.

물론 누가 추시를 해도 재현 가능한 심리실험이 가장 이상적이다. 그러나 개인적으로는 긍정적 편향이나 샘플링 편향을 포함한 상태에서 재현 가능성을 높이는 것도 좋지 않을까 하는 생각이 든다. 적어도 실험 발안자가 이 실험은 날조된 것이 아니라고 당당하게 말할 수 있고, 실험 결과에 자부심을 가질 수 있는 그런 실험이 되도록 말이다. 그러는 편이 더 재미있을 뿐만 아니라, 심리학의 발전에도 더 도움이 되지 않을까.

여러분도 이 책에 소개된 수많은 과학 논문의 결과를 논문에 나온 말이니 당연히 맞을 거라고 믿어버리지 않기를 바란다. 논문이니까 믿을 수 있다는 편견을 버리고 '어쩌면 재현 불가능한 실험일지도 몰라'라고 의심하는 태도로 다시 한 번 읽어보기 바란다.

이번 장에서는 심리학에 불가피하게 내포되어 있는 수상

함에 대해 설명해 보았다. 이 설명을 듣고 심리학을 멀리하든 오히려 더 큰 매력을 찾아내든 그것은 여러분의 자유다. 우리 심리학자들은 대부분 심리학이 지닌 이러한 결점을 매력으로 받아들인 사람들이다.

심리학의 매력이 전해졌기를 바라며

초면인 사람들과 마주한 자리에서 심리학을 연구한다고 말하는 순간, 사람들은 마치 도마뱀이라도 발견한 것처럼 신기한 눈길을 보내곤 한다. 그 표정엔 이런 생각이 역력하다.

'심리학이라니. 그 미심쩍은 거 말이야?'

'심리학자는 좀 수상한 직업 아닌가?'

그런 면에서 심리학은 프로레슬링과 비슷하다. 내가 프로레슬링 팬이라고 말하면 사람들은 "그거 다 짜고 치는 고스톱 아니에요?", "승부가 다 정해져 있는데 그게 무슨 스포츠예요?"라고 되묻는다. 아무리 프로레슬링의 진정성을 논한다 한들 그들의 생각을 바꾸기란 어렵다.

이와 마찬가지로 심리학자에게 수상한 눈길을 보내는 이들에게 "심리학은 과학적인 학문이라고요!"라고 열과 성을 다해 말해도, 내 이야기를 끝까지 들어 주는 사람은 거의 없다. 앞서 설명했듯 사람의 편견이란 이렇게나 견고하다. 하지만 이 책을 선택해 끝까지 읽은 여러분은 심리학의 진정한 모습에 따뜻한 관심을 갖고 귀 기울여 주는 분들이니 감사할 따름이다.

1990년대부터 2000년대 초, 400전 무패의 힉슨 그레이시가 이종격투기라는 신세계에 등장해 선풍을 일으켰다.

'힉슨의 격투기는 결과가 정해져 있지 않은 진짜 싸움이다. 그에 비하면 프로레슬링은 장난이나 다름 없다.'

그 뒤로 많은 사람이 프로레슬링을 떠나갔고, 이종격투기라는 새로운 시류가 형성되었다.

때를 같이해 과학계에서는 뇌과학이라는 신분야가 새롭게 등장했다. 학자뿐만 아니라 평범한 사람 사이에서도 '뇌과학은 기존의 심리학보다 훨씬 객관적이고 과학적인 학문'이라는 인식이 자리잡게 되었다.

뇌과학이 선도하는 과학계에서 심리학은 한물갔다는 말을 듣고 있고, 이종격투기가 각광받는 격투기계에서 프로레슬링은 촌스럽다는 말을 듣고 있다.

그런데 정말 프로레슬링은 촌스러운 것에 지나지 않을까? 흔히 프로레슬링은 승부가 뻔해 재미없다고들 한다. 물론 프로레슬링 경기는 거의 대부분 승부가 정해져 있다. 그러나 프로레슬링의 진정한 재미는 결과가 아닌 과정을 즐기는 데 있다. 또한 경기 중에 상대에게 가하는 공격과 그로 인한 고통은 결코 거짓이 아니다. 이런 측면에서 오로지 승패에만 집중하는 이종격투기와 프로레슬링은 성격이 완전히 다르다.

하지만 십수 년 전에는 두 영역이 제대로 분리되지 않아 프로레슬링 선수가 이종격투기 경기에 나가 연패를 당하곤 했다. 지금 생각하면 당연한 일이다. 실력이 뛰어난 유도 선수가 검도선수권대회에서는 이길 수 없는 것과 같은 이치다.

그런데 요새 들어 이종격투기가 시들해지고 다시 프로레슬링 열풍이 불고 있다. 도쿄돔 등 대형 경기장에서 프로레슬링 경기가 열리고 있고, 텔레비전에서는 '올바른 프로레슬링 관전법'을 자주 방송하고 있다. 근육질의 잘생긴 선수들이 많아진 탓에 여성 팬들도 급증하고 있다고 하니 30년 경력의 프로레슬링 팬으로서 반가운 일이다.

이처럼 프로레슬링은 멋지게 부활했다. 시대의 흐름이 있다고 하더라도 가치가 확실한 것은 무너지지 않는 법이다.

나는 심리학에 같은 기대를 건다. 심리학에는 절대적인 가치가 있다. 인생을 풍요롭게 하는 지혜, 존중받는 과학으로서의 형식, 철저한 방법론. 프로레슬링과 마찬가지로 심리학 또한 시간을 들여 제대로 즐기는 방법을 배운다면 우리의 인생이 훨씬 더 재미있고 풍성해질 것이다.

심리학은 물리학이나 수학처럼 정확한 수리법칙으로 설명할 수 없다. 그런 탓에 그동안 과학의 주류가 되지 못했다. 그러나 이 책을 열심히 읽어 주신 분은 알겠지만, 심리학은 과학적인 학문이 되기 위해 이제껏 많은 노력을 기울여왔다. 재현성을 조금이라도 높이려고 논문 하나를 쓸 때도 실험 과정 전체를 자세히 기술하고 있다. 그런 면이 심리학의 재미이기도 하다.

그럼에도 불구하고 오늘날 많은 심리학자가 입만 열면 뇌도 공부하고 있다는 변명을 늘어놓곤 한다. 나 역시 뇌에 대해 연구하고 있다고 말할 때가 있다. '뇌도 알고 있다, 뇌도 연구대상이다'라고 말하는 편이 과학계에서 더 높이 신뢰받기 때문이다. 게다가 일반 사람들에게도 그렇게 말하는 편이 학자다운 인상을 준다.

왜 심리학자는 심리학만으로 자부심을 느끼지 못하는 걸까. 나도 이런 점에서 자유롭지 못하다. 그래서 종종 반성하고 있다. 뇌도 공부하고 있다는 말이 틀리진 않지만 늘 덧붙여야 할 만한 사실은 아니다. 우리 심리학자들이 심리학에 자신감을 갖지 못한다면 심리학을 전공하는 학생들도 가슴을 펴지 못할 것이다. 하물며 일반인들은 심리학에 흥미를 보이지도 않을 것이다.

이종격투기가 한창 번성했을 때, 고(故) 자이언트 바바 선수가 이렇게 말했다.

"모두가 격투기로 달려가니 저 혼자 프로레슬링을 독점하겠습니다."

2016년 나 세노 다케하루는 이렇게 말하고 싶다.

"모두가 뇌과학으로 달려가니 나 혼자 심리학을 독점하겠습니다"라고.

프로레슬링에 프로레슬링만의 장점이 있듯 심리학에도 심리학만의 매력이 있다. 사람의 행동을 직접 관찰하는 심리학 특유의 대담하고 유연한 매력이 이 책을 통해 조금이라도 전해졌다면 정말 뿌듯할 것이다. 심리학 연구에는 인간의 삶이 반영된다. 내 부족한 노력으로 여러분에게 그 매력이 전해졌기를 간절히 바란다.

[서장]

— Thalma Lobel, 池村千秋 譯, 赤を身につけるとなぜもてるのか？(Sensation), 文藝春秋, 2015

— Elliot, Andrew J. and Niesta, Daniela (2008) Romantic red: Red enhances men's attraction to women. *Journal of Personality and Social Psychology*, 95, 1150-1164.

— Gert Stulp, Abraham P. Buunk, Thomas V. Pollet, Daniel Nettle, Simon Verhulst (2013) Are Human Mating Preferences with Respect to Height Reflected in Actual Pairings? *PLOS ONE*, 8, e54186.

[1장]

— Melissa Bateson, Martin J. Tove, Hannah R. George, Anton Gouws, Piers L. Cornelissen (2014) Humans are not fooled by size illusions in attractiveness judgements. *Evolution and Human Behavior*, 35, 133-139.

— Devendra Singh (1993) Adaptive Significance of Female physical attractiveness: role of waist to hip ratio. *Journal of Personality and Social Psychology*, 65, 293-307.

— Aglioti S, DeSouza JF, Goodale MA. (1995) Size-contrast

illusions deceive the eye but not the hand. *Curr Biol*. 5, 679–
85.

— Melvyn A. Goodale and David Milner, 鈴木光太郎 譯, もうひ
とつの視覚―〈見えない視覚〉はどのように発見されたか(Sight
Unseen), 新曜社, 2008

[2장]

— Floyd K. Erbert LA. (2003) Relational message interpretations
of nonverbal matching behavior: an application of the social
meaning model. *J soc Psychol*, 143, 58197.

— Andrea C. Morales (2005) Giving Firms an "E" for Effort:
Consumer Responses to High Effort Firms. *Journal of
Consumer Research*, 31, 806812.

— Philip G. Erwin (1993) Social Problem solving, Social
Behavior, and Children's Peer Popularity. *The Journal of
Psychology: Interdisciplinary and Applied*, 128, 299–306.

— Rind, B., and Bordia, P. (1995). Effect of server's "Thank
you" and personalization on restaurant tipping. *Journal of
Applied Social Psychology*, 25, 745-751.

— Rind, B., and Bordia, P. (1996) Effect on restaurant tipping
of male and female servers drawing a happy, smiling face on
the backs of customers' checks. *Journal of Applied Social
Psychology*, 26, 218-225.

— Bruce Rind and David Strohmetz (1999) Effect on restaurant
tipping of a helpful message written on the back of
customer's check. *Journal of Applied social Psychology*, 29,
139-144.

— 水野敬也, LOVE 理論, 文響社, 2013

— 愛田武, ホスト王・愛田流 天下無敵の経営術, 河出書房新社, 2004

[3장]

— Eiichi Naito and Satoshi Hirose (2014) Efficient foot motor control by Neymar's brain. *Frontiers in Human Neuroscience*, 8, Article 594.

[4장]

— Kappes, HB. and Oettingen, G. (2011) Positive fantasies about idealized futures sap energy. *Journal of Experimental Social Psycholgy*, 47, 719-729.
— 週刊プロレス編集部, 三沢光晴-永久保存版メモリアル写真集, ベースボールマガジン社, 2009
— Robert Biswas Diener and Todd B. Kashdan, 高橋由紀子 譯, ネガティブな感情が成功を呼ぶ(The Upside of Your Dark Side), 草思社, 2015
— Margaret S. Livingstone, Rosa Lafer-Sousa and Bevil R. Conway (2011) Stereopsis and Artistic Talent: Poor Stereopsis Among Art Students and Established Artists. *Psychological Science*, 22, 336-338.

[5장]

— Erin J. Strahan, Steven J. Spencer, and Mark P. zanna (2002) Subliminal priming and persuasion: Striking while the iron is hot. *Journal of Experimental Social Psychology*, 38, 556-568.
— Johan C. Karremans, Wolfgang Stroebe, Jasper Claus (2006) Beyond Vicary's fantasies: The impact of subliminal priming and brand choice. *Journal of Experimental Social Psychology*,

42, 792-798.

[6장]

— 古川竹二 (1927) 血液型による気質の研究, 心理学研究, 2, 22-44.

— 能見正比古, 血液型でわかる相性—伸ばす相手ंこわす相手, 青春出版社(プレイブックス), 1971

— 村上宣寛, ‘心理テスト’はウソでした. 受けたみんなが馬鹿を見た, 日経BP社, 2005

— 松井豊 (1991) 血液型による性格の相違に関する統計的検討, 東京都立立川短期大学紀要, 24, 51-54.

— Wu, K., Lindsted, K. D., and Lee, J. W. (2005) Blood type and the five factors of personality in Asia. *Personality and Individual Differences*, 38, 797-808.

— Cramer, K. M., and Imaike, E. (2002). Personality, blood type, and the Five-Factor Model. *Personality and Individual Differences*, 32, 621-626.

— Rogers, M. and Glendon A. I. (2003). Blood type and personality. *Personality and Individual Differences*, 34, 1099-1112.

— 縄田健悟 (2014), 血液型と性格の無関連性—日本と米国の大規模社会調査を用いた実証的論拠, 心理学研究, 85, 148-156.

— Peter J. D'Adamo, 濱田陽子 譯, ダダモ博士の血液型健康ダイエット(Eat Right 4 Your Type: The Individualized Diet Solution), 集英社文庫, 1998

— Leila Cusack, Emmy De Buck, Veerle Compernolle, Philippe Vandekerckhove (2013). "Blood type diets lack supporting evidence: a systematic review". *The American Journal of Clinical Nutrition* 98 (1): 99-104.

[7장]

— Gilovich T., Vallone, R. and Tversky A. (1985) The Hot Hand in Basketball: On the Misperception of Random Sequences. *Cognitive Psychology*, 17, 295-314.

— 加藤英明・山崎尚志, 野球人の錯覚, 東洋経済新報社, 2008

[8장]

— Bruce Bower (1990) Gone but not forgotten. *Science News*, 138, 312-314.

— Joseph Sandler, Peter Fonagy, Phil Mollon (1997) Recovered Memories of Abuse: *True or False?* Karnac Books.

— Elizabeth F. Loftus and John C. Palmer (1974) Reconstruction of Automobile Destruction: An Example of the Interaction Between Language and Memory. *Journal of Verbal Learning and Verval Behavior*, 13, 585-589.

— Elizabeth F. Loftus and JE. Pickrell (1995) The formation of false memory. *Psychiatric Annals*, 25, 720-725.

— Elizabeth F. Loftus (2005) Planting misinformation in the human mind: A 30-year investigation of the malleability of memory. *Learning & Memory*, 361-366.

— Sporer, Siegfried Ludwig, Penrod, Steven, Read, Don & Cutler, Brian (1995) Choosing, confidence, and accuracy: A meta-analysis of the confidence-accuracy relation in eyewitness identification studies. *Psychological Bulletin*, 118, 315-327.

— Elizabeth F. Loftus, Geoffrey R. Loftus, Jane Messo (1987) Some facts about "weapon focus". *Law and Human Beharior*, 11, 55-62.

— Brown, Evan, Deffenbacher, Kenneth & Sturgill, william (1977) Memory for faces and the circumstances of encounter. *Journal of Applied Psychology*, 62, 311-318.
— Jonathan W. Schooler, Tonya Y. Engstler-Schooler (1990) Verbal Overshadowing of Visual Memories: Some Things Are better Left Unsaid. *Cognitive Psychology*, 22, 36-71.
— Fiona Gabbert, Amina Memon and Kevin Allan (2003) Memory conformity: Can Eyewitnesses Influence Each Other's Memories for an Event? *Appl. Cognit. Psychol.*, 17, 533-543.
— Gary L. Wells, Amina Memon and Steven D. Penrod (2006) Eyewitness Evidence. Improving Its Probative Value. *Psychological Science*, 7, 45-75.
— Daniel M. Bernstein, Cara Laney, Erin K. Morris, and Elizabeth F. Loftus (2005) False memories about food can lead to food avoidance. *Social Cognition*, 23, 11-34.
— Stern, L. W. (1902). Zur psychologie der aussage [To the psychology of testimony]. *Zeitschrift fur die gesamte Strafrechswissenschaft*, 23, 56-66.
— Stern, L. W. (1910). Abstracts of lectures on the psychology of testimony. *American Journal of Psychology*, 21, 273-282.
— stern, L. W. (1939). The psychology of testimony. *Journal of Abnormal and Social Psychology*, 40, 3-20.

[9장]

— Adam D. I. Kramer, Jamie E. Guillory, and Jeffrey T. Hancock (2014) Experimental evidence of massive-scale emotional contagion through social networks. *PNAS*, 111, 8788-8790.
— R. Kanai, B. Bahrami, R. Roylance and G. Rees (2011) *Online*

social network size is reflected in human brain structure. Proc. R. Soc. B, 279, 1327-34.

— Neil Hall (2014) The Kardashian index: a measure of discrepant social media profile for scientists. *Genome Biology*, 15, 424.

— Kiju Jung, Sharon Shavitta, Madhu Viswanathana, and Joseph M. Hilbe (2014) Female hurricanes are deadlier than male hurricanes. *PNAS*, 11, 8782-7

— S. Adam Brasel, James Gips (2011) Red Bull "Gives You Wings" for better or worse: A double-edged impact of brand exposure on consumer performance. *Journal of Consumer Psychology*, 21, 57-64.

— Daniele Marzoli, Mariagrazia Custodero, Alessandra Pagliara & Luca Tommasi (2013) Sun-induced frowning fosters aggressive feelings. *Cognition and Emotion*, 27, 1513-1521.

— Libet B, Wright Ew Jr, Gleason CA. (1982) Readiness-potentials preceding unrestricted'spontaneous'vs. pre-planned voluntary acts., *Electroencephalogr Clin Neurophysiol.* 54, 322-35.

— Benjamin Libet. *Mind Time: The Temporal Factor in Consciousness* (Perspectives in Cognitive Neuroscience). Harvard University Press (2005/10/28)

[10장]

— John Bohannon (2015) Many psychology papers fail replication test. An effort to repeat 100 studies yields sobering results, but many researchers are positive about the process. *Science*, 349, 910-911.

빨간 옷을 입으면
왜 인기가 많아질까?

초판 1쇄 | 2016년 9월 28일

지은이 | 세노 다케하루
옮긴이 | 황세정
발행인 | 이상언
제작책임 | 노재현
편집장 | 서금선
에디터 | 한성수
마케팅 | 오정일 김동현 김훈일 한아름 이연지
발행처 | 중앙일보플러스(주)
주소 | (04517) 서울시 중구 통일로 92 에이스타워 4층
등록 | 2007년 2월 13일 제2-4561호
판매 | 1588-0950
제작 | (02) 6416-3899
홈페이지 | www.joongangbooks.co.kr
페이스북 | www.facebook.com/hellojbooks

ISBN 978-89-278-0799-5 03180

중앙북스는 중앙일보플러스(주)의 단행본 출판 브랜드입니다.